# 金钥匙漂流记
## ——古代中西交通猜想

卢向前 著

2016年·北京

图书在版编目(CIP)数据

金钥匙漂流记：古代中西交通猜想/卢向前著. —北京：商务印书馆，2016
(丝瓷之路博览)
ISBN 978-7-100-12183-5

Ⅰ.①金… Ⅱ.①卢… Ⅲ.①中外关系－文化交流－文化史－中国、西方国家－古代 Ⅳ.①G125

中国版本图书馆CIP数据核字(2016)第077533号

所有权利保留。

未经许可，不得以任何方式使用。

**金钥匙漂流记**
——古代中西交通猜想

卢向前 著

商 务 印 书 馆 出 版
(北京王府井大街36号 邮政编码100710)
商 务 印 书 馆 发 行
三河市潮河印业有限公司印刷
ISBN 978－7－100－12183－5

2016年10月第1版　　开本 880×1230　1/32
2016年10月北京第1次印刷　印张 8 1/4

定价：52.00元

主　　办：中国社会科学院历史研究所中外关系史研究室

顾　　问：陈高华

特邀主编：钱　江

主　　编：余太山　李锦绣

主编助理：李艳玲

# 编者的话

《丝瓷之路博览》是一套普及丛书，试图以引人入胜的方式向广大读者介绍稳定可靠的古代中外关系史知识。

由于涉及形形色色的文化背景，故古代中外关系史可说是一个非常艰深的研究领域，成果不易为一般读者掌握和利用。但这又是一个饶有趣味的领域，从浩瀚的大海直至无垠的沙漠，一代又一代上演着一出又一出的活剧。既有友好交往，又有诡诈博弈，时而风光旖旎，时而腥风血雨。数不清的人、事、物兴衰嬗递，前赴后继，可歌可泣，发人深省。毫无疑问，这些故事可以极大地丰富人们的精神生活。

本丛书是秉承《丝瓷之路》学刊理念而作。学刊将古代中外关系史领域划分为三大块：内陆欧亚史、地中海和中国关系史、环太平洋史。欧亚大陆东端是太平洋，西端是地中海。地中海和中国之间既可以通过海上丝绸之路，也可以通过草原之路往来。出于叙事的方便，本丛书没有分成相应的三个系列，但种种传奇仍以此为主线铺陈故事，追古述今。我们殷切希望广大读者和作者一起努力，让古代中外关系史的知识走进千家万户！

2012年秋

# 引　子

两年前，余太山、李锦绣二位先生向我约稿，说准备编一套《丝瓷之路博览》知识丛书，原则上只要是古代中外关系史就行。具体的要求则有四项：第一，准确生动地将要写的问题写清楚，给读者稳定可靠的知识；第二，掌握翔实的数据和已有的研究成果，使用规范优美的语言、简洁流畅的句子，围绕主题，层次分明，有条不紊地叙述；第三，不要套搬经典作家的话，不要堆砌原始史料，不要烦琐的考证，不要注释；第四，力求观点和材料浑然一体，真正做到深入浅出，尽可能增加趣味性。

我虽习历史，但到底只是中外关系史的门外汉；虽协助黄时鉴先生编过一本《插图解说中西关系史年表》，但心中还是清楚自己到底有几斤几两；虽曾写过一些论文，编过一二文集，但毕竟意趣是有所不同的。接到稿约，因一念之差而最终推辞不得，胆子也真够大的，于是列出了书名、篇目及设想，递呈二先生：

题目：金钥匙漂流记——古代中西文化交通猜想

篇目：

金钥匙漂流记——有关城门钥匙，即城市控制问题，中西文化在制度层面上的对话碰撞。

葡萄美酒自西来——有关葡萄种植、葡萄酒酿造等自中亚到吐鲁番再流传至中原的故事。

金银铜币汇高昌——有关波斯罗马金银币与中原铜币在吐鲁番行用的历史考察。

胡化婚姻在敦煌——胡化婚姻，即带有相当原始性状态的婚姻形式在敦煌的表现（它又和昭武九姓相关联。当然是一种有趣猜想）。

另类和亲与突厥——上文的姐妹篇（和亲多为中原公主下嫁少数民族，反向的流动则可称为另类和亲，考察它的产生、发展及其与民族性的关系实在是有趣的话题）。

两造官司见某某（交流）——物质交流、商业关系在中西关系上的突出反映。这里的官司可见于吐鲁番出土文书，其官司的标的物为丝绸、瓷器，原告为汉族商人，被告则为其他族种人。这里甚至可以加上吐鲁番出土文书中的"过所"（当时官方颁发的通行证），因检查经过人员身份问题，遂附有一份奴隶买卖的契约。契约中，卖者为昭武九姓人氏，奴隶之身份则为突厥少女，买主为当时福建观察使（相当于正省级）的小妾与侄子。此官员的姓名甚至能在现存文献材料中找到，这实在是太让人吃惊了！契约中还有担保人，他们亦为昭武九姓人，或为当地居民，或为经商者。

马德堡半球东游记——物理学上关于大气压强的马德堡半球实验与《西游记》中唐僧师徒四人遭难于小西天的小铜钹莫非真有神奇的联系？这是一种真正大胆的猜想，或许并非是科学猜想，但提出讨论也许有其方法论上的意义。

我当时以为，完整计划还应该再加上三个章节，便可成十全之数，十全武功，岂不妙哉！但想不出来，便也搁置在一旁了。直到现在，我还是想不出来。以上设想，也只有部分得以写成。

不曾想，这种想当然的方案却得到余、李二先生的赞赏，他们甚至以为，这可以是一个系列，可以一本一本接着写。

两位先生不经意的一句话，使我立刻不知天高地厚了，我全然忘记了自己的底子，真以为可以"一本接着一本写"。于是在两年时间里，我便如同走进了死胡同一般，左冲右突，总是不得要领。等我醒悟过来，时间便也溜过去了——真是"逝者如斯夫"。但答应的事还得做，于是再回过头来重新做起：把稀释了的东西浓缩起来，拉长了的缩短些，没有基础的先放弃，踏踏实实地做自己感觉还有点底的东西，这就是将要呈现在大家面前的东西了。

但难处还很多，自己虽有过一些似乎是中西交通的文章，但多为考证。考证的程序当然是繁杂的，甚至有时还不得不琐碎，但结论往往只是一句话。要用这样的一句话做成二位先生所期望及出版社所认可的"宏篇巨著"，还得有不少相关知识撑门面才行——于是得硬起头皮往下写。写得成功与否，则有待读者的检验了。

还有一件事须交待，我的题目中有"猜想"这样的概念。我认为，猜想，有的是虚幻的，有的则有一定的科学依据。但无论如何，即使是虚幻的猜想，也应该是科学创新的动力之一，提出问题总是解决问题的前提，假如提不出问题，世界便也停顿了。至于我心中的猜想是否为历史之真实，且请读者诸君评判。实际上，我已经把自己认为是虚幻的东西排除掉了。

是为缘起。

# 目　录

**第一章**

## 葡萄美酒自西来

  葡萄是西方传过来的 / 2

  吐鲁番的葡萄熟了 / 8

  吐鲁番种了多少葡萄呢 / 16

  烟熏的吐鲁番葡萄干 / 20

  源远流长的吐鲁番葡萄酒 / 28

  家有千斛、十年不败 / 43

  吐鲁番葡萄酒税 / 48

  高昌冻酒——世界上最早的葡萄冰酒 / 55

  庄园葡萄酒蒸馏的猜想 / 65

**第二章**

## 金银铜币汇高昌

  四百年惨烈 / 78

  毯居然可以当货币 / 86

东来的大绢西向的锦，龟兹的样式高昌造 / 93

　　作为一般等价物的布叠 / 100

　　铜银钱粉墨登场，但是且慢…… / 105

　　银钱流行犹如水银泻地 / 112

　　绢帛铜钱都来凑热闹 / 119

　　银钱气息奄奄，铜钱生气勃勃 / 129

　　铜钱如钱江潮，澎湃汹涌；绢帛像拍岸涛，风生水起 / 134

　　高昌的布叠卷土重来，杀了个回马枪 / 137

　　起起伏伏三时期，跌跌宕宕七阶段 / 141


## 第三章
## 胡化婚姻竟如何

　　唐人大有胡气 / 146

　　母仪天下与"辰嬴之累" / 153

　　武敏之与裴行俭的故事 / 164

　　敦煌三家巷 / 175

　　突厥的世系为什么搞不清 / 182

　　另类和亲夷狄女 / 191


## 第四章
## 金钥匙漂流记

　　金钥匙出现的背景 / 202

　　金钥匙出现了 / 212

历史的穿越 / 215

金钥匙制度在西方神话故事中的演变 / 221

西方世俗世界中的"金钥匙" / 225

中国古代有金钥匙吗 / 231

两把钥匙不同的原因 / 238

金钥匙出现的法理基础 / 243

金钥匙是怎样交汇的 / 247

后记:十万天兵斩阎罗,四十不惑谱新章 / 250

# 第一章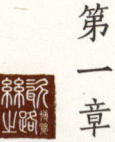

葡萄美酒自西来

这是有关葡萄种植、葡萄酒酿造技术等自中亚到吐鲁番，再流传至中原的有趣猜想。特别多地要讲讲吐鲁番，因为这里有着与敦煌文书齐名的吐鲁番出土文书，那实在是前人留给我们的宝物；而吐鲁番的葡萄又是那么的诱人。

# 葡萄是西方传过来的

> 葡萄美酒夜光杯，欲饮琵琶马上催。
> 醉卧沙场君莫笑，古来征战几人回？

每当我们读起唐代王翰的这首《凉州词》，就会心潮澎湃，热血沸腾，如饮美酒，如临沙场。当然，对于葡萄美酒，更充满了向往。我们就在这里说说葡萄与葡萄酒的来历吧。

葡萄起初写作"蒲陶"，也作"蒲萄"、"蒲桃"、"葡桃"等，它是汉代从西域传入的植物品种。有人说，中国在先秦时代就有葡萄了，这话说得可不对。的确，中国最古老的诗歌总集《诗经》中有"葛藟"、"蘡薁"等作物，它们虽然都属葡萄科，有着葡萄的基因，但说到底，它们只不过是野葡萄而已，并不是真正的葡萄。依我看来，葡萄与"葛藟"、"蘡薁"的关系，就像狗与狼、粟（小米）与狗尾巴草的关

第一章 葡萄美酒自西来

〔法〕普桑《秋天的收获》

系一样,我们总不能把狼说成是狗、把狗尾巴草说成是粟米吧?把葡萄说成是中国先古已有之,若非糊涂,那可就真是"酸葡萄"心态了。

葡萄在西方人工栽培和酿酒的历史,至少可以上溯至公元前三四千年的埃及和美索不达米亚,并由此向西传播到希腊和罗马。希腊人或罗马人又把葡萄移植到高卢(今法国)和莱茵河两岸。向东则传到中亚地区,当时西域各国大都盛行种植葡萄和酿造葡萄酒,张骞就是在大宛地区(今中亚费尔干纳盆地)首次见到葡萄和葡萄酒的。历史语言学家认为,葡萄之名可能源自伊朗语族的大宛语,原意为"酒"或

"浆果制的酒",传入中国后,便以它本名的译音出现在我们的面前。

张骞两次出使西域,此后中西交通日益频繁,使团、商队络绎不绝,西域的各种物产也随之传入中原。后世往往以张骞出使为中原通西域之始,遂认为西域出产的葡萄、苜蓿、石榴、胡桃、胡麻、胡豆、胡荽、胡蒜等都是张骞从西域带回来的。而我们现在可以确认,汉武帝时传入中国内地栽种的西域植物大约只有葡萄和苜蓿两种。张骞在汉武帝元朔三年(前126)第一次出使西域回国后,的确已向武帝提到大宛、安息(今伊朗东北部)等国有"葡萄酒",而在张骞死后,长安附近已开始种植葡萄了——当然,还有作为马饲料的苜蓿。

葡萄传过来了,葡萄酒的酿造技术、制作方法好像也传过来了。我们可以看到,三国时期的曹丕当上皇帝后,曾发布过一道诏令,极力赞美葡萄之美味,以为葡萄这种水果天下无双。由葡萄之美味,他还提到了葡萄酒,认为若用葡萄酿以为酒,就比米酒还甘美,它的特点是善醉而易醒,于是说起葡萄与葡萄酒就不禁"流涎咽唾",更何况是亲口品尝呢?将葡萄酒与米酒相比,新瓶装的新口味的葡萄酒,较之旧瓶装的旧味道的旧米酒,自然要胜过一筹。曹丕果然文章高

第一章　葡萄美酒自西来

手,不愧曹氏三杰之名号,经他那么一说,葡萄及葡萄酒之好处便呈现在我们的面前。由于有这样的诏令,人们便以为中原已有用葡萄酿制的葡萄酒了。但也有人认为这还不确切,如果这葡萄酿的酒是从西方比如说是从凉州(今甘肃武威)或者从更西方的高昌(今新疆吐鲁番)运过来的呢?

就我们现在所知,中原地区能够酿制葡萄酒的确切年代,是在唐太宗时期。贞观十四年(640),唐太宗派出大将侯君集,率领唐军一举击灭了立国大约三百年的高昌国。高昌王国在今天的吐鲁番地区,国王姓麴,人们把它称作麴氏高昌,当年玄奘去印度取经路过高昌,就受到了国王麴文泰的款待。高昌覆灭了,国王及臣子成了俘虏,他们中的许多人被押解到长安,其中就有种植葡萄及酿造葡萄酒的高手。在这样的情况下,原本在高昌大规模种植的马乳葡萄便移植到了长安的宫苑之中。

顾名思义,"马乳葡萄"形似马乳,颗粒饱满颀长,晶莹剔透。约莫在高昌灭国前后,突厥的一个叶护(叶护既是突厥贵族的身份,又是次于可汗的一级统治者)曾向唐太宗贡献过一大串被称作"一房"的马乳葡萄。这一大串葡萄长达二尺,约合今之60厘米,其颗粒也是超乎寻常的大,实为罕见。更特别的是,这种马乳葡萄与其他马乳葡萄不同的地方,还在于它的颜色是紫色的。根据这样的记载，我们有理由相信，当时普通的马乳葡萄更多一些应该是绿色的。在清代的记载中，马乳葡萄变为紫色与绿色两大类——看起来，紫色葡萄经过多年培育已经不再是希罕之物了，而清朝的马乳葡萄或许就含有当年唐代两种马乳葡萄的基因。马乳葡萄直到今天还存在，不用我说，大家都会想到，它就是马奶子葡萄。

引进马乳葡萄的同时，唐太宗还依高昌法用马乳葡萄酿酒——其实也并不完全是高昌法，中原的酿酒师们也发挥了自己的想象力，使出了真功夫，对高昌的葡萄酒酿法做了一些改良。据称，中原酒师酿造的葡萄酒"凡有八色，芳香酷烈，味兼醍醐"。大气的唐太宗当然毫不吝啬，常常赏赐给官员喝，喝得官员不亦乐乎，齐声喝彩——品类既多，味道又好，还十分新鲜，不醉倒才怪呢？

晶莹剔透的马乳葡萄，令人食指大动，馋涎欲滴

马乳葡萄酒的"八色"，并不是说酿成的葡萄酒有八种颜色，而是说它

第一章 葡萄美酒自西来

的品类有八种,颜色当然也应该是多样的吧,但估计不会有八种颜色。我们现在当然无法详尽地知道都是一些什么样的酒品了,但在下面讲到高昌葡萄酒酿制的时候,我们还要做一些有趣的猜测。"醍醐"的原意与奶汁有关,或者,"芳香酷烈"的葡萄酒的色味中,竟兼有"马乳"之醍醐不成?甚至还可联想,酒有八色而其味又芳香酷烈,莫非其中竟有蒸馏的白兰地之类?君主与臣子聚在一起,一色一色地品尝葡萄美酒,那境,那情,那味道,自然是好得不得了,可惜唐太宗并没有像魏文帝曹丕一样留下一些回味的文字,否则又有一件帝王的风雅之事流传于世间了。

既然高昌及吐鲁番的葡萄与葡萄酒都到中原来了,而且现在考古挖掘又多有出土文书,那么,我们就来看看,在中国古代作为丝绸之路重要据点的吐鲁番,是如何种植西方传过来的葡萄并酿造葡萄酒的。

# 吐鲁番的葡萄熟了

> 吐鲁番的葡萄熟了，阿娜尔罕的心儿醉了，
> 
> 阿娜尔罕的心儿醉了，醉了……

这是脍炙人口的军旅歌曲《吐鲁番的葡萄熟了》中的几句歌词，悠扬的旋律把我们的思绪带到了吐鲁番，带到了吐鲁番的葡萄沟——吐鲁番的葡萄名扬天下，人人皆知。

吐鲁番作为丝绸之路的要冲，葡萄的种植与加工利用有着悠久的历史。麴氏高昌王国与其后的唐代西州时期，吐鲁番地区都有着众多的葡萄园。如果看看吐鲁番出土文书中的那些有关葡萄种植租赁、征收租税的文字，就可以明了这种状况。而正是由于葡萄种植面积极其广泛，葡萄及葡萄酒产量又很多，在640年唐灭麴氏高昌王国以前，葡萄酒还曾作为官府征收之税种，这实在是有趣得很。我们在这一节，就

先说说高昌西州时期葡萄的种植栽培与管理。

高昌西州时期,并没有直接描述葡萄种植与管理的文件,但间接的材料还是有一些,可以通过分析得出一些结论,这样的分析还是蛮有意思的。

在吐鲁番出土文书中,有一份武则天长安三年(703)的葡萄园租借契约,契约已经残缺了,但主要的内容还在。在这份契约中,葡萄园的主人叫麹善通,租赁者叫严苟仁。契约规定租赁的葡萄园的面积有二亩,用干打垒的泥墙围成,自成一体,园内还有枣树十棵。根据契约文字可以知道,严苟仁承租葡萄园的时间共为五年,而契约规定的租价分别为:第一年"不论价值",第二年480文铜钱,第三年640文,第四年、第五年各800文。

这五年的租价是逐年提升的。提升的原因与产量相关,这是分析此契约的基础。由契约可以得知,麹善通的葡萄园应该是新开辟或者是新种植的,因为契约中明说,第一年不用交租的原因在于支架短小。若依现代的葡萄种植技术,当葡萄苗高达50厘米时,应该设立支架,以扶持新梢生长。这个葡萄园由于没有出产便也不用交租了,而支架也不用搭得非常高。葡萄种植须用支架,在唐代诗人的诗歌中也多有表现。比如韩愈《葡萄》诗中道:"新茎未遍半犹枯,高架支离倒复扶。若欲满盘堆马乳，莫辞添竹引龙须。"这里吟咏的是"高架"，说明这里的葡萄当已种植三五年而并非当年新种葡萄。但刘禹锡的《葡萄歌》中的葡萄则显然是新植的了："野田生葡萄，缠绕一枝高。移来碧墀下，张王（旺盛的意思）日日高。分岐浩繁缛，修蔓蟠诘曲。扬翘向庭柯，意思如有属。为之立长檠，布濩（huò，散布的意思）当轩绿。米液溉其根，理疏看渗漉。繁葩组绶结，悬实珠玑蹙。马乳带轻霜，龙鳞曜初旭。"刘禹锡吟咏的移植时的葡萄，缠绕才不过一枝，也就不必用什么高架了。看起来，韩愈、刘禹锡他们看到的、种植的、吟咏的都是马奶子葡萄，难道它们的"祖先"就是当年唐太宗李世民从吐鲁番引进的不成？至少，它们的基因里是有着"马乳"的成分的。

再分析这份契约，可以发现租价与现代葡萄的生长颇有对应关系。现代新植葡萄的产量有一个递增过程：当年种植；二年结果；三年丰产，每亩约产1000公斤；四年以后每年产量稳定在1500公斤以上。把它们进行比较一下，把不同质的东西放在一起比较，虽然有点滑稽，但颇能说明问题——撇开内容看形式，便列成下表：

第一章　葡萄美酒自西来

**唐代葡萄租价与现代葡萄产量比较表**

|  | 第一年 | 第二年 | 第三年 | 第四年 | 第五年 |
|---|---|---|---|---|---|
| 唐代租价（铜钱） | 不论价值 | 480文 | 640文 | 800文 | 800文 |
| 现代产量 | 种植 | 结果 | 1000公斤 | 1500公斤 | 1500公斤 |

两者之递进关系如出一辙，这就不能不令人惊讶于当年吐鲁番的葡萄种植与当代葡萄种植的相似性了。

当然，葡萄种植以后，其管理也大略与现代相同。上面提到的刘禹锡诗中，已经描绘出了葡萄从种植到收获的一些过程，包括修剪、搭葡萄架、施肥、灌溉等栽培管理，而这样的过程一般也能在出土文书中找到，有些甚至比诗人的描绘更具体、更详细。

有一份年代比租赁葡萄园契稍早一些的出土文书，时间在武则天当皇帝的圣历元年（698）。这份文书是一份报告，打报告的是"四角陶所"的管理人员史玄政。四角陶所是一个官方葡萄园，"陶"也就是葡萄——在当时的吐鲁番就是那样写的。史玄政报告的内容是一年中四角陶所有关征发徭役的总结，接受报告的机关应该是四角陶所的所有者高昌县府。根据文书所载，四角陶所一年中须征发服役的正丁就有96人，而每个正丁都得服役5天，一共为480人天。此外，征发的还有车牛，共25乘，当然也须车夫，加在一起即25乘车、25头牛，再加上25个正丁——我不知道这样的一些劳动人员能管理多大的葡萄园，但它颇具规模大约是没问题的。关键在于，从这份报告看来，葡萄园一年中服役人员的工作任务，即葡萄的生产管理工作有"抽枝"、"覆盖"、"踏浆"、"收拾残枝"、"埋柱"、"运浆"、"运支架"等。

在这些工作中，"踏浆"与"运浆"与葡萄酒制作有关，这将在下文中讲述。而"抽枝"、"覆盖"、"收拾残枝"、"埋柱"及"运支架"，则与葡萄生产管理有关。

"埋柱"及"运支架"中的"柱"与"支架"，也就是上文提到的严苟仁租契中的支架。但两者又稍有不同：严苟仁租契反映的是葡萄种植时的情况，而四角陶所文书反映的则是葡萄生产成长时的状况，它应该就是韩愈诗中支离倒复的"高架"之类。葡萄是蔓性植物，须依附支架而生长、结成果实，支架对于葡萄生长是必不可少的。在高昌西州租赁葡萄园的契约中，往往看到一些约定，比如葡萄园主须承担葡萄园的租税徭役，而租赁人所担负的则是葡萄园的生产管理事宜，如灌溉渠道的渗漏崩塌以及葡萄的"着索张柱"等。所谓的"着索"，就是在葡萄架上缚上绳索，这是与葡萄枝蔓的伸展附着有关的；而"张柱"，就是为葡萄架设置立柱，尽

第一章 葡萄美酒自西来

管葡萄棚的架式有棚式、篱式、小棚架式，但无论何种架式，都得架设支柱，这是毫无疑义的。

所谓的"抽枝"，就是在春天把葡萄枝条搭上葡萄架。每当农历二月，万物萌作，埋在土中的葡萄枝条就得舒展上架，这在葡萄生产中可以说是非常重要的技术工作。或许，"抽枝"还与葡萄的整形修剪有关，只有通过整形修剪，才能让枝蔓分布均匀，使葡萄更好地生长，而在整形修剪中，去除病、虫、枯蔓，也是应做的工作。

"收拾残枝"之目的在于清理葡萄园，使细菌不致影响葡萄乃至于葡萄酒的生产。因为霉菌很容易在成熟的葡萄上繁

新疆喀什庭园的葡萄棚，枝盛叶茂，硕果累累，应有五年以上生长期

殖，引起葡萄中的成分发生变化，从而间接地对葡萄酒产生严重的影响。这项工作与"抽枝"工作应该有所交叉。

"覆盖"则是在西北严寒地区使葡萄安全越冬的一项措施。吐鲁番地区常年最低气温经常在零下25摄氏度以下，对葡萄采取"覆盖"的保护措施是完全必要的。农历十月中旬，寒气渐至，这时便要把葡萄藤蔓卷起，掘坑埋入土中。这也有一些技术含量在里面，大约根茎粗壮的，远离根部掘坑，若根茎不甚粗壮的，则离根五尺左右就行了。"覆盖"过程中，也可以放些黍糠之类，而最关键的是保持干燥，因为如果潮湿的话，就很容易产生冰冻现象，对葡萄生长不利。葡萄性不耐寒，若不覆盖则难以越冬。因此，"覆盖"确实是葡萄生产过程中重要的一环。

我还在吐鲁番出土文书中看到了一件有关葡萄覆盖越冬的诉讼案卷，其年代大约在8世纪前期。案卷的原告是西州（高昌王国灭亡后，唐朝廷设在吐鲁番的一级地方机构）的寡妇阿梁，案卷中说，她的儿子到安西（今新疆库车）服役，家中没有劳动力，于是就将葡萄园租与了被告卜安宝。阿梁诉讼的原因是被告不上心，对于承租的葡萄没有按时覆盖，而根据契约规定，如果气候趋向寒冻，被告必须"依时覆盖如法"。但至原告提交诉状之际，被告毫不理会，依然"不共覆盖",这让原告很气愤,也无可奈何,于是寡妇阿梁不得已遂向西州官府起诉。结果呢,官府支持了原告的意见,勒令被告应当依法依时"藏盖",以使被告的葡萄安全越冬。通过这件官司,可以明白葡萄藤枝的覆盖掩埋在高昌西州时代的吐鲁番就已经是非常重要的事了。

  在葡萄生产的过程中,当然不止以上几个环节,但以上所说的包含了主要的程序则无可怀疑。时间过去三五百年后,到了元朝的至元十年(1273),在元政府颁发的一本农书《农桑辑要》中,人们又一次看到了有关葡萄生产管理的记载,但两相比较,可以说,唐代吐鲁番的葡萄生产管理技术一点都不比元代时的逊色。

# 吐鲁番种了多少葡萄呢

从西方传来的葡萄，已经成为中国古代吐鲁番地区的一项很重要的经济作物了。那么，在高昌西州时期，吐鲁番到底种了多少葡萄呢？这个问题很难回答，我们只能做出一些推测。

那时的吐鲁番，对于葡萄种植是有一个经常性的统计的。因为在古代中国，无论中央或者地方，政府都有一个税收问题摆在面前。靠什么收税？除了人口外，那就是依据土地的多少，特别是麴氏高昌时期，种植葡萄且以葡萄酒作为税收的征收物，所以葡萄的种植面积也肯定是有数据的。但想要有这样的材料完全完整地保存下来，可能性却是小之又小——天上掉馅饼的事或许会有，但现在还没有，假若哪天考古材料中出现了这样的统计材料，那可就真得谢天谢地谢菩萨了。不过，幸运的是，由于吐鲁番地区特殊的气候条件

## 第一章 葡萄美酒自西来

及当时当地的风俗习惯，使得一些材料还是留存了下来，虽然并不完全准确，但总能给我们一个大概的轮廓。下面我就要对高昌西州时期的吐鲁番种了多少葡萄这件事来进行一些分析研究了——凡事须要研究才会明白。

在高昌王国麴乾固在位的延昌（高昌年号，561—601）年间，有一件王国所属横截等城葡萄园种植面积的奏行文书。从文书的性质看来，它应是一件官文书，此文书签署的日期为农历九月十五日，正是葡萄成熟采摘的季节。文书残有横截、交河、安乐、湾林、始昌、高宁等六城城名，总计葡萄有"壹顷究拾三亩半"，即193.5亩。高昌时期共有22城，以6城的平均数来计算，则整个高昌王国共有葡萄田709.5亩。但显然，这不会是麴氏高昌时期某年种植葡萄的总面积，

**吐鲁番葡萄沟葡萄园基地图**

或者，这仅仅是高昌王国官方种植的葡萄园，如同"四角陶所"那样的官方葡萄园。

其他的官文书中，还有一些提到了葡萄种植面积，比如有一件文书记载高昌官员高长史下各人员的葡萄合计11亩余，高相伯下的葡萄合计7亩余等，但都没有办法得出高昌王国葡萄园总面积的确切数字。

唐代西州也有种植葡萄的统计，比如一件残文书有关土地面积的记载中，有菜田377亩、葡萄310亩余，还有其他各类名目的土地若干。但这310亩余的葡萄田，应不会是西州时期吐鲁番葡萄园的总面积。

既然没有葡萄种植的具体数字，我便另辟蹊径，从麴氏高昌的葡萄酒税来看看葡萄园的面积到底有多少。大家知道，麴氏高昌对葡萄种植征收葡萄酒租，每亩3斛。而在一件残存的文书中，有幸留下了"田地酢酒六百一十八斛四斗半，高宁二百一十六斛七斗半"等文字。田地与高宁一样，也是高昌王国22城之一，"酢酒"则是一种质量较好的葡萄酒，随后在关于葡萄酒的酿制中还会讲到它。也就是说，田地城交付的葡萄酒税为酢酒618.45斛，高宁城216.75斛，都以每亩3斛计，则各有葡萄田206亩余和72亩余。用两城的平均数计算高昌王国22个城的葡萄园，大约种植葡萄田3063亩，即 30 顷余，加上官方葡萄田 7 顷余，则当时的葡萄园总共有 37 顷强。高昌王国覆灭时，唐王朝从麹氏高昌手中得到的遗产为垦田 900 顷，两者相约，则高昌西州种植的葡萄园，大约占总数的百分之四强。

这当然只是一种估计，实在不敢就此妄下结论，但凭此差可知高昌西州葡萄园种植面积之大概。而在当时自给自足的自然经济状态下，经济作物葡萄的种植面积竟有如此比例，这实在不能不使人们大为惊叹了。

# 烟熏的吐鲁番葡萄干

吐鲁番的葡萄熟了，熟了的葡萄又是那么多，全为新鲜水果也吃不了，占百分之四种植面积的鲜葡萄的出路便有两条：第一条是酿造葡萄酒，第二条是制作葡萄干。现在与古代可大不一样了，现在的物流多发达呀，估计葡萄的主要出路还是作为水果来消费。言归正传，这里先说葡萄干。

唐代的吐鲁番，市场还是相当繁荣的，政府对于市场的管理也颇为严格，市场的官吏每每以"三贾均市"的原则来管理市场，这是中央政府所规定的——唐前期中央政府统治触角几乎伸到了每个角落，其政令在内地通行的同时也到达了边疆地区。什么是三贾呢？所谓三贾，就是"精为上贾，次为中贾，粗为下贾"，即把市场上的商品以精、次、粗三等分类，按质论价。然后实行"每月旬别三等估"，即每个月每隔十天根据市场的真实买卖定出一个官方的市场价格，这就是所谓的估法。贾,即估,也就是商品的价格。这样的估法非常类似于今天市场的指导价,可以说,这种做法是古已有之的,是先祖聪明才智的一个表现。

在吐鲁番的市场上,就有葡萄干的估价。出土文书中有一件《唐天宝二年(743)交河郡市估案》(当时的吐鲁番行政中心西州有段时间叫交河郡,就是现在作为世界遗产记录在案的高昌古城)记有"采帛行"、"凡器(陶瓷器)行"等,其中"果子行"也是其中的一行。"果子行"下的商品大都不在了,残存的商品有两种,一种恰好是葡萄干,还有一种是大枣。葡萄干和大枣在今天都作为新疆地区著名土特产而行销全国,以此说来,这两大宗果品也是渊源有自了。果子行记载的干葡萄1升,上等的17文,次等的16文,下等的15文;大枣比干葡萄便宜,上等6文,次等5文,下等的才4文。可见,唐代西州就有葡萄干,而葡萄干的价格应该不算便宜,要知道,当时人们食用的主要粮食品种——粟(小米),一斗也不过三十来文钱呢。

而在麴氏高昌时期,还可以看到干葡萄作为珍异之物向萧梁王朝"进贡"这样的事。

大家知道,在一般情况下,古代中西交通都是过河西走廊进入中原地区的,但当河西走廊被阻塞时,人们也往往另走他

高昌古城（李锦绣摄）

道，比如吐谷浑道。这条道路的一段可从西域经甘肃到青海，往东南到成都，然后再到江东。由于当时青海为吐谷浑民族的地盘，于是现在的史家便以族名称它为"吐谷浑之路"。当时中原正处于南北朝时期，河西走廊那条路不通，于是，麹氏高昌王国派出的使者就经过吐谷浑之路到达南方。

下面的记载非常有趣。据称，萧梁时期（502—557），高昌王国的使者风尘仆仆，经数年跋涉，历千万辛苦，到达了萧梁的都会南京，见到了萧梁皇帝（他应该就是那个三次把自己捐献给佛寺当奴隶，又让臣下用国家财物把他赎回来的梁武帝萧衍，我把他称作"中国古代做秀第一名人"）并献上了"贡品"。这些"贡品"都是吐鲁番地区的土特产，其中有

第一章 葡萄美酒自西来

南、北烧羊山的"贡盐两颗，颗大如斗，状白如玉"，还有"干蒲桃、刺蜜、冻酒、白麦面"等。这众多的特产中颇有些从未为江南人士所见，当然也说不出其来由，体会不到其妙处。这对于在南北朝时期与北方互争正统的"中原上国"萧梁皇帝来说，可就太尴尬了，脸上肯定挂不住的！

正当人们为此事发愁之时，一位长者出现了，长者的名字已不可考，人们都尊称他为"杰公"。杰公见多识广，非但一一指认出使者带来的那些吐鲁番地区特产的名称，还道出其特性及产地区别。与此同时，他也毫不客气地指责高昌使者有调包之嫌，或者是高昌国王向大梁王朝"贡献"之心不诚——珍异之物已经走了腔调，土特产也不再是稀罕之物了。

比如刺蜜，记载中又称为"羊刺蜜"。照现代的说法，它是由豆科植物骆驼刺叶的分泌液凝结而成的糖粒，夏季采收，以布铺地，敲打枝叶，糖粒便脱落，去其枝叶杂质，便为刺蜜，有治疗骨蒸烦渴、血痢腹泻、腹痛头痛等功效。但杰公摇头说，"贡品"中的刺蜜质量不行，还不是吐鲁番最好的。吐鲁番的刺蜜数南平城的最好，而"贡品"中的刺蜜则是盐城出产的。盐城虽与南平同在吐鲁番地区，但南平的羊刺无叶，其蜜色白而味甘，盐城的羊刺则叶大，其蜜色青而味薄，两相比较，立判高下，想赖也赖不了。对于"贡品"中的白麦面，杰公根本不屑一顾，说它是假冒货而并非为吐鲁番地区所出产。假若是货真价实的吐鲁番白麦面，应该是"烹之将熟，洁白如新"，你再怎么煮，它还是筋道十足的；而看看"贡品"中的白麦面，尚未到火候就"如泥且烂"，这怎么吃呢，哪里是什么高昌地区的特产，它分明是青海宕昌地方的东西！肯定是使者调包了。杰公更是提到了高昌地区的"干葡萄"以及葡萄酿成的"冻酒"，说这两者都掺了假，假得惨不忍睹，令人寒心。他毫不犹豫地指出，"蒲桃，七是泘林，三是无半。冻酒非八风谷所冻者，又以高宁酒和之"，所以这两样特产都不行。泘林、无半都是高昌王国属下城池，八风谷为当地一地名。杰公还显出了他渊博的知识，侃侃而谈："蒲桃，泘林者皮薄味美，无半者皮厚味苦。酒是八风谷冻成者终年不坏。今嗅其气酸，泘林酒滑而色浅。"唯有泘林出产的才是吐鲁番最好的葡萄干；而冻酒，闻其气酸，尝其味滑，见其色浅，肯定不会是八风谷冻成的。

  面对杰公的责难，高昌使者张口结舌，无言以对。他不得不承认弄虚作假的事实，并低声下气地解释说，白麦面因为路途遥远，"经年色败，至宕昌贸易填之"；刺蜜与葡萄干品色不佳，皆因其年风灾，影响了生长，所以"杂驳"；而冻酒，"奉王急命，故非时尔"，实属无奈。杰公所言，使萧梁君臣大开眼界,扬眉吐气。

杰公所云高昌冻酒,应该就是葡萄冰酒,此且不论。而从此文中,人们不但知道了葡萄干因葡萄质量的好坏而有差异,也知道了葡萄的质量与产地及年成有关,所谓"蒲桃,洿林者皮薄味美,无半者皮厚味苦"、"其年风灾,蒲桃、刺蜜不熟,故驳杂"等就是这样的道理。故而《交河郡市估案》中的葡萄干价格分成三等,也就有它的缘由了。

但是,葡萄干质量的好坏似乎还和它们的加工方法有关系。在吐鲁番地区,并没有看到其加工方法的材料。而现代的葡萄干的制法则有两种:一种是曝晒,这样制成的葡萄干是褐色的。另一种方法是把新鲜的葡萄运到晾房里晾干。晾房往往修在山坡上,样子很像碉堡,四壁留着许多小孔,里面钉着许多木架子。成串的葡萄挂在架子上,利用流动的热空气把水分蒸发掉,就制成了葡萄干。

可惜的是,市估案中只残存了有关当年吐鲁番市场上的"干葡萄"的资料。不过,古代的于阗(今新疆和阗)地区,制

**新疆吐鲁番葡萄干**

成的葡萄干却有"干蒲萄"和"烟熏蒲萄"的区别。有一份唐玄宗开元九年（721）于阗某寺院的支出现金账中，有用单价每升5文买进干葡萄2石，共计1000文的记载；又有一笔账也是每升5文，买进1石3升葡萄干，计钱515文。但"烟熏蒲萄"的价格为普通葡萄干的2倍，每升10文，并且该寺院所买烟熏葡萄仅为1升，可见其较为珍贵。

今天，人们不知道"烟熏蒲萄"如何制作，也不知道"烟熏"是否真为烟熏火燎。网络上有一款现今进口的西班牙葡萄酒，广告词中说到这一品牌的葡萄酒的妙处，有"入口

**葡萄晾房图**

即能感觉到橡木和烟熏葡萄干的味道"这样的话。闭起眼睛想想那滋味，应该很棒吧！或者，烟熏葡萄干真有其物，它是葡萄干的又一种制法？如果真是这样的话，唐朝时期新疆的烟熏葡萄干又是世界第一了——烟熏葡萄干的方法竟从新疆流出！

西州干葡萄是曝晒的还是晾房晾干的还是"烟熏"的，我也不是太清楚。从它的价格中估"壹升拾陆文"与于阗干葡萄一升五文、"烟熏蒲萄壹升（十文）"相比较，或许可以把西州干葡萄视为"烟熏蒲萄"？

## 源远流长的吐鲁番葡萄酒

西部大开发之际,随着人们生活水平的不断提高,国内的葡萄酒业强劲增长且有振奋人心的前景,而中原的葡萄酒正是从当年西部葡萄美酒制造业中发轫的,于是西部大开发

**吐鲁番酿制葡萄酒的葡萄品质尤其好**

也将促使葡萄酒业蓬勃发展。这自然是对的,葡萄美酒自西来么。那么,当年吐鲁番的葡萄美酒是怎样酿制的呢?

葡萄酒制作的第一道工序便是"踏浆"。在上节所引《四角陶所文书》中讲到,葡萄生产经营活动中有车牛运浆及役夫踏浆。"运浆""踏浆"之"浆",又被称作甜浆,它就是葡萄浆汁。《唐开元九年(721)于阗某寺支出簿》中有"出钱壹阡文"购买了一瓮"甜浆"的记载。而在《唐神龙元年(705)公廨应收浆帐》中记载当年"收浆"总共为54石5斗,其中33石7斗给"折冲",20石3斗5升给"左果毅"。公廨是唐朝官府的统称,折冲、果毅都是武官官职。唐政府规定,凡各级公廨都设置公廨本钱放贷取利,当然也有出租土地收取地租的。公廨本钱又简称"公廨",各级官府的办公费用、官员的午餐补贴等都从公廨本钱的利息或者地租里开支。这里的公廨收浆当是官府葡萄园所收之浆,与四角陶所的浆是一回事。它是作为俸禄的一部分发放给官员的。而之所以发给葡萄果浆,或许是用它来酿造葡萄酒的一种福利?

为什么要"踏浆"呢?原来,破碎葡萄,使之成浆,是葡萄酒制作工艺中不可或缺的环节。现代葡萄酒酿造技术告诉我们:葡萄只有破碎,果汁与果皮上的酵母接触后,才能发酵。而破碎葡萄果粒的方法有手工法:在小型生产中,把

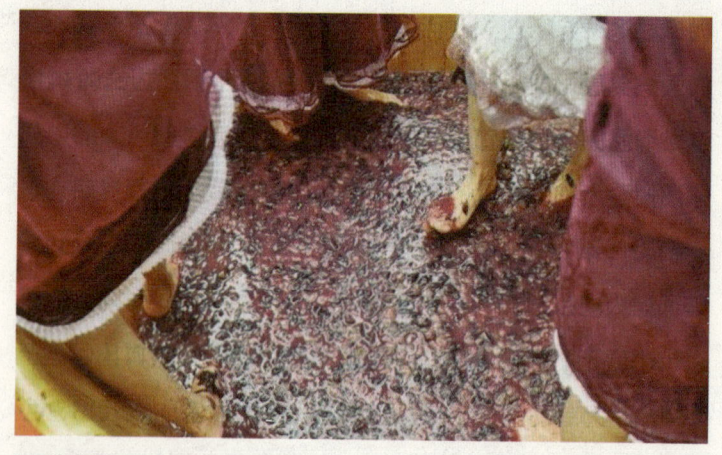

**现代踏浆图**

葡萄串或果粒倒进木槽或浅盆中,用手挤破或木棒捣碎。欧洲一些小型酒厂沿用旧习惯,也有用脚踏碎的:在葡萄牙,有用光脚踏碎的;而在西班牙,有让工人穿着特制的鞋来踏碎的。

与之相映成趣,《四角陶所文书》所谓的"踏浆"法就是破碎葡萄果粒的方法。欧洲一些小型酒厂沿用旧习惯踏碎葡萄使之成浆的方法,竟与高昌西州的"踏浆"法如此相似,这又令人们惊讶不已。当年吐鲁番的"踏浆"应该是葡萄牙法而非西班牙法。从技艺的眼光看,吐鲁番的踏浆一定是光着脚的,如果穿鞋,则或许是皮靴,但过去的人们可没有现代人那么娇贵——这就使人们有理由认为其间含有中西技交流的因素。至于谁为源,谁为流,则已无从知晓了。

然而,高昌西州制葡萄酒之"踏浆"法,至迟到金朝时,在中原地区已经踪影全无了。金朝著名诗人、籍贯为太原秀容(今山西忻州)的元好问有一首《蒲桃酒赋》,赋前缀有长序,讲他之所以写这篇葡萄酒赋之原委。他写此赋完全是受朋友刘光甫的刺激——刘光甫自称发现了久已失传的葡萄酒制法!刘光甫是安邑(今山西夏县)人,曾任邓州(今河南邓州)刺史。元好问写道:

> 刘光甫说:"我的老家安邑种植有很多葡萄,大家都知道葡萄酒好喝,但都不知道酿葡萄酒的方法。我就和朋友许仲祥做了一个试验:先把葡萄采摘下来,然后与米在一起蒸,这样就制成了'葡萄酒'。但一品尝,却觉得这'葡萄酒'与古人说的'甘而不饴,冷而不寒'的味道一点也不像,我和我的朋友实在搞不清原因到底在哪里。"

> 不过,刘光甫又说:"得来全不费工夫,皇天不负有心人。那一年(金宣宗祐贞年间,1213—1217),我的邻居因害怕盗寇侵害,离家出走,躲避山中,回家后惊喜地发现,原先盛在竹篮中的葡

萄虽已干枯，但竹篮下的碗钵器皿恰好接着葡萄汁，时日一久，那葡萄汁便熏熏然有酒气了。我那邻居尝了一尝，好酒啊！我也是很有头脑的，知道此事，便认定它就是葡萄酒。原来，这葡萄酒是自然而成的，葡萄搁在一边，时间一长便'腐败'发酵变成良酒了。痛快啊，不单单是葡萄酒好，还因为这不传之秘密，由我而大白于天下！"

刘光甫因此而对我说："这可是件有益于世的大好事，文人骚客多有歌咏的，现在该轮到你了，来一首，如何？"

我说："是的是的，世界没有这样的酒已经太久了！不过，这样的酿葡萄酒的方法，我是知道一些的。有人从西域回来，说大食人酿制葡萄酒是将葡萄'绞汁'，然后再封在坛子里，埋入土中，经过一段时间，葡萄汁就变成了葡萄酒。听说埋藏的时间越长，这酒的质量就越好，而西域那边储藏这样的好酒竟然有多至'千斛'的呢！哎呀，这大食酿造葡萄酒的方法，正与你说的一样啊！以此看来，事物无论大小，都有它隐藏不显的时候，也有它发扬光大的时候，就看时机到还是不到。葡萄酒酿制法在几百年后失而复得,又能以大食法加以证明,实在就是这个理儿。好吧,我就附和大家,也来赋一首吧!"

元好问的赋我们就不管它了,但从这段话中,可以读出很多有关葡萄与葡萄酒的东西。第一,山西安邑多种植葡萄,实际上山西在唐代就种植了很多的葡萄,刘禹锡曾有诗"自言我晋人,种此如种玉。酿之成美酒,令人饮不足"。但在唐亡三百年后,本地已经不知道怎样酿造葡萄酒了。第二,非但安邑,即使在更大的地域范围内,也是"世无此酒久矣"。第三,刘光甫与许仲祥酿制的葡萄酒的实践并不成功,反而是"久而腐败"、自然发酵而成的葡萄酒才是"良酒"。得此"不传之秘",刘光甫很得意。第四,元好问比刘光甫还得意,因为他懂得的比刘还多,他还知道大食法,此法与刘光甫所谓的自然发酵法是一码事,并因此而上升到理论高度:"物无大小,显晦自有时,决非偶然者,夫得之数百年之后而证数万里之远,是可赋也。"

刘光甫知道了不传之秘,很开心;元好问以为自己眼光更犀利,也很开心。但这段文字有不确之处,"甘而不饴,冷而不寒"实际上是曹丕的话,曹丕的话中还有一句是"酸而不脆",元氏没有引用,但这些话实际上说的是葡萄而非葡萄酒的滋味,"脆"的怎么会是葡萄酒呢?

唐代的"八色"葡萄酒在中原也似乎失传了,失传于何时,还有待考证。若依刘光甫所说,连酿造葡萄酒法都已不知,哪里还知晓什么踏浆法呢,这就是"皮之不存,毛将焉附"的道理。而元好问所称大食人之"绞葡萄浆"法,虽与"踏浆"法有异曲同工之妙,但亦仅仅是传闻而已。

至于刘光甫与许仲祥两人用葡萄果实"并米炊之"的所谓酿葡萄酒的试验,其实与宋代朱翼中所撰《北山酒经》中提到的酿葡萄酒法相似,大家看一看就会知道其中的道理:第一步,糯米浸泡以后用甑蒸熟;第二步,用去皮的五两杏仁、洗净去皮的二斤半葡萄放在陶盆内掺合,加熟浆三斗研磨,用生绢滤过备用;第三步,将这三斗熟浆泼在煮好的糯米饭上,用软布盖一会儿,让它凉一些;第四步,把糯米饭摊在桌案上,等到这饭凉到适合的程度,加入曲母,依普通的酿制米酒法酿造。

用这样的方法酿成的所谓"葡萄酒",主要的材料还是糯米饭,用"饭"做的葡萄酒能算葡萄酒吗?尽管有"葡萄二斤半",但它还不能算是真正的葡萄酒。我不知道这里的"熟浆"是何物,但恐怕不会是葡萄浆,葡萄酿酒是不用煮熟的,煮熟了，不是就把发酵的有益菌种都杀死了吗？《北山酒经》中也是要待它稍凉才加入曲母的，温度太高就不行。

明朝李时珍《本草纲目》中也有关于葡萄酒三种酿法的记载，他引用唐朝医药名家孟诜的话说，"葡萄可酿酒，藤汁也是可以的"。但酿制的具体方法则无从知晓，如果依唐时已掌握的从高昌传来的马乳葡萄酒法，酿成葡萄酒应无问题。

李时珍接着说，葡萄酒有两种，一种是酿成的，另一种用烧酒法制作的，而用烧酒法制作的葡萄酒有大毒。第一种酿造的葡萄酒如何制作呢？很简单，取葡萄汁和酒曲，就像普通的酿糯米饭法就行。如果没有葡萄汁，用干葡萄的末也可以，我把它称作"酿制葡萄酒"。第二种用烧酒法制作的就得用几十斤新鲜葡萄和"大曲"，先酿成"酢"，再将"酢"放入甑中蒸，蒸馏而得"滴露"，"红色可爱"，它就是古时候西域所制作、所传承的方法，"唐时破高昌始得其法"。我把它叫作"烧制葡萄酒"。

当然，李时珍还记载道，有人说，葡萄放久了，它自己也能变成酒，这样的酒"芳甘酷烈，此真葡萄酒也"。这实际上是葡萄酒制作的第三种方法，我把此酒叫作"或曰葡萄酒"。这种自然而成葡萄酒的方法，颇与元好问《蒲桃酒赋》序中刘光甫所说的方法相同，两者之葡萄都未经人工破碎，于是成酒便有偶然之成分，与高昌马乳葡萄酒法须破碎葡萄这种正规方法不同。

李时珍记载的"酿制葡萄酒"就是魏文帝曹丕说过的那种"甘于曲糵，醉而易醒"的葡萄酒，也与《北山酒经》记载之法相类似，酿成的恐非真葡萄酒，而与刘光甫、许仲祥试验的相类似。此种方法实际上就是流传至今的米酒制作法。人们以古已有之的米酒法来制葡萄酒，真可谓是失之毫厘，谬以千里了——对于古代的葡萄酒工艺而言，最简单的就是最有效的。魏文帝君臣喝的是葡萄酒，李时珍将葡萄酒也看成是"如常酿糯米酒法"，我也是百思不得其解，他不是提到"甘于曲糵"吗？曲糵才是米酒呀。

"烧制葡萄酒"之法，其步骤有二：先"取葡萄数十斤酿酢"，然后"取入甑蒸之，以器承其滴露"，而此种方法，依李时珍之说，为"古者西域造之，唐时破高昌始得其法"。若果真如此，所谓的高昌马乳葡萄酒法"以器承其滴露"，且唐时所酿造之葡萄酒"凡有八色，芳香酷烈，味兼醍醐"，其中亦有烧酒即蒸馏酒者？然而，由于学术界对于烧酒起源于何时颇有争议，为避免太过游离于主题之外，此处暂且略去"取入甑蒸之"之烧酒法后半段不提，那么李时珍所称之"取葡萄数十斤酿酢"之制葡萄酒法与高昌西州酿造葡萄酒工艺

## 第一章　葡萄美酒自西来

则颇有相近之处了。我把这种方法称为"酿酢法"。

高昌西州酿造葡萄酒，除踏浆工艺外，当然还有其一整套方法。为了说明高昌西州酿造葡萄酒法，我还得先绕一个弯子，说说现代酿制葡萄酒之法。《现代葡萄酒酿造技术》讲到，葡萄只有被破碎，果汁与果皮上的酵母接触后，才能发酵。这一工艺过程和操作，由于酒的类型而有所不同。酿造红葡萄酒只要除梗后将果实压破，使之成为葡萄浆（皮醪）即可，而酿造白葡萄酒，还需进行皮汁的分离。葡萄浆是果皮不分的，而葡萄汁须将皮分离出来，葡萄汁或葡萄浆用自然酵母或加入酒母，不久发酵就开始了。

请注意，葡萄浆（皮醪，不除去果皮）发酵酿成红葡萄酒，此与李时珍所称之"烧制葡萄酒法"，"取葡萄数十斤（当不去果皮）同大曲酿酢"而其滴露"红色可爱"正相吻合。而葡萄汁（除去果皮）发酵则酿成白葡萄酒。至于用"自然酵母或加入酒母"酿造，则与李时珍所称之"曲"或"大曲"相似，曲与大曲是否有区别，这里可以不加理会。当然，现代亦用其糟烧葡萄酒成威士忌、白兰地之类。

现代葡萄酒还有一种称作"桃红葡萄酒"的，它用红葡萄或红、白葡萄混合，带皮或不带皮发酵制成。葡萄固体成分浸出少，颜色介于红、白葡萄酒之间，主要有淡红、玫瑰

**桃红葡萄酒**

红和砖红色等。其制法,以红葡萄为原料,只是在取汁之前将破碎的葡萄转移到浸渍容器中,让葡萄皮中的营养物质、颜色、香味都释放到葡萄果汁中去。其他工艺过程则与酿造白葡萄酒相同。

既已知晓现代葡萄酒酿造法,下面就来看看高昌西州酿造葡萄酒法。高昌西州之酿造葡萄酒法并未有完整文字留存,但通过对比分析,可以得出大致的结论。

这里有一份高昌王国时期的租赁葡萄园券契约,尽管很残破,但还能看出大致意思。契约中,承租人承诺在葡萄收获以后的十月,于槽头将甜浆37斛交付给葡萄园出租人,如

## 第一章 葡萄美酒自西来

果违约违期,则承租人须将甜浆1斗转换成"沽酒"1斗。又是浆,又是酒,又是槽头,此必与葡萄酒酿造有关,可惜契约太残破,但我们对葡萄酒的高昌酿法已有大致印象了。

另一件为《高昌延寿九年(632)范阿僚举钱作酱券》,我将它与前件租赁葡萄园契约相比照,填补缺字、订正错别字,将它整理完整,就是这样子的:

这一年的四月一日,范阿僚向和尚元某借取了银钱20文,规定到十月,范阿僚应向元某交付的本钱与利息是"甜酱"16.5斛,在"槽头"付清,另外还得给"酢三斛、糟壹斛",糟直接从"甜酱曲霉瓮子中取"。如果到期违约,则"酱壹斗转为苦酒壹斗"。

于是,高昌西州制作葡萄酒法就开始凸现出来:文书中之"槽头",就像现代葡萄酒制作之场所——"发酵槽头",高昌葡萄酒制作过程中的发酵全在槽头完成。"甜酱"是甜浆,是"踏浆"工艺的制成品,甜浆是在发酵槽中发酵的。"酢"也就是李时珍所说烧酒法中的"烧者取葡萄数十斤同大曲酿酢"之酢,它应当是发酵不完全的甜酒与半甜酒,也就是红葡萄酒或桃红葡萄酒。"苦酒"就是前件文书中的"沽酒",两者同质异名,沽或为错别字。苦酒是酢酒进一步发酵的产物。酢完全发酵了,就成为现代意义上的白葡萄酒,当然，也有可能是皮汁不分离的葡萄浆经完全发酵而形成的葡萄酒。"糟"则是葡萄酒发酵结束放出自流酒后的酒糟，从葡萄酒糟中还可榨出一些葡萄酒。但后件契约规定的元某得到的"壹斛糟"的质量应当是很好的，它直接从"甜酱曲霉瓮子中取"，可以做酒母，而盛在这个瓮子中的甜酱曲霉就是酒曲。也就是说，它并不是榨出葡萄酒后剩下的糟粕。葡萄酒酿制的传统方法常常用发酵槽酒脚接种，事先挑选健康成熟的葡萄破碎后，添加或不添加酵母，放在发酵槽底，任其发酵，以后就用它做酒母。所以，制作葡萄酒，既可以不用酵母，就像面粉发酵用老粉一样，也可以用酵母。和尚元某得浆、得酢、得糟、得曲霉，大概就是为了自己也酿制葡萄酒。

当然，两件文书所反映的葡萄酒制法也不尽相同。前者无"酢"而直接成"沽酒"，后者则既有"酢"，又有"苦酒"；前者或许用酿白葡萄酒法，后者则或许用酿桃红葡萄酒法。比照清代输入之葡萄酒，时人记载："葡萄酒为葡萄汁所制，外国输入甚多，有数种。不去皮者色赤，为赤葡萄酒，能去除肠中障害。去皮者色白微黄，为白葡萄酒，能帮助肠胃运动。另有一种葡萄酒，产地在西班牙，糖分极多，其酒无色透明，谓之甜葡萄酒，最宜病人，能令精神速复。"由此看来，或许我关于吐鲁番葡萄酒制作方法的讲解有一些

## 第一章 葡萄美酒自西来

道理吧？

高昌西州葡萄酒分酢和苦酒还可从其他文书看出，比如《高昌某年永安安乐等地酢酒名簿》中既记载了酢，又记载了苦酒。酢与苦酒并列，说明二者并非同质异名。而在《唐开元九年（721）于阗某寺支出簿》中也是一样，既有"出钱壹伯贰拾文沽酒参斗"、"出钱壹伯贰拾文沽酒参斗"、"酒一石（价三百七十五文）"的记载，也有"酢壹斗（五十文）"、"沽酢陆斗（斗别五十文）"、"沽酢壹斗捌升（升别五文）"的记载。酒价在每斗 37 文至 40 文之间，而酢的价格则为每斗 50 文。如此看来，酢的价格比酒高，而原因或在于酢的原汁质量比苦酒榨取的原浆好。若要论证则颇费笔墨，还是就此打住吧。

至此，我们就看到了高昌西州酿造葡萄酒的全过程。这里描绘的程序看起来有些复杂，但依此操作，应该是能够酿出刘光甫所说的"良酒"来的。大致说来，其程序如下：

第一类，摘取葡萄踏浆为甜浆，（皮汁分离）不完全发酵成酢。

第二类，摘取葡萄踏浆为甜浆，（皮汁不分离）发酵成苦酒，余下糟还可压榨出酒，亦可成酒母。

高昌西州时期吐鲁番的葡萄酒酿制工艺颇与现代工艺相

似，比起元代的酿制技术，则又是有过之而无不及。元代中期，诗人周权有《葡萄酒》诗一首："累累千斛昼夜舂，列瓮满浸秋泉红。数宵酝月清光转，浓腴芳髓蒸霞暖。酒成快泻宫壶香，春风吹冻玻璃光。甘逾瑞露浓欺乳，曲生风味难通谱。""千斛"葡萄或为诗人夸张笔法，但发酵处所仅为"列瓮"，即一个一个排列着的陶器，比起带有一定手工作坊技艺的槽头来，尽管过去了那么多年，但就葡萄酒酿制来说，反而是退步了。

　　但我还得说一句，葡萄酒的酿造是相当专业的领域，这里也只能勉为其难地写出这样的文字，至于葡萄踏浆以后，有否皮汁分离，分离以后又是如何制作，制成什么样的酒，就不得而知了。或许后面讲葡萄蒸馏酒的时候会提到它，但无论如何，唐太宗改良高昌酒法，酒成"八色"，肯定既有浆制葡萄酒，又有汁制葡萄酒，如果依李时珍的说法，则还有蒸馏酒——这里的学问太大，我就不再献丑了。

# 家有千斛、十年不败

新酿成的葡萄酒放在贮酒桶里，经过一定时期的存放，酒的质量能够得到改善，这个过程称为酒的老熟或陈酿。在这样的过程中，还需要添桶与倒桶。添桶是由于温度的降低或酒中二氧化碳气体的释放及液体的蒸发，会经常出现容器中液面下降的现象，这就难免使酒大面积接触空气，因此必须随

**葡萄酒储藏**

时将桶添满。换桶的目的则在于把已经澄清的葡萄酒与酒脚分开。这是现代葡萄酒的储藏方式。酒的消费既非一时一事，而酒的质量也可得到改善，葡萄酒的储藏便成为必然。

在中国古代史籍中，我们可以看到大量关于葡萄酒储藏的记载。

比如，《史记》中说，西汉时的大宛，即现今中亚地区的费尔干纳，"以蒲萄为酒，富人藏酒至万余石，久者数十岁不败"。记载唐代政令沿革的《唐会要》里说，唐时的康居都督府，即现今的乌兹别克斯坦撒马尔罕城，"多葡萄酒，富家或至千石，连年不败"。

以上两例之地均位于帕米尔高原以西。而在新疆天山一带，邻近吐鲁番的库车，即当年称为龟兹的地方，也有这样的的事情发生：一大帮人东倒西歪，怀中揣着酒瓶子，吆五喝六，大醉于葡萄酒窖之中，酣睡于葡萄酒桶之间。那是何等"壮观"的场面呵！

南北朝前秦（350—394）的苻坚（氐族人）在376年统一了北中国以后，有心成为大一统帝国的最高统治者。他亲自率军在383年从都城长安出发，向南方的东晋发起了声势浩大的进攻。而在此前一年，他派遣大将吕光向西域进发——南讨西攻，好不热闹。但南侵的结果却是：风声鹤唳，草木皆兵；

## 第一章　葡萄美酒自西来

投鞭断流，顿成泡影。淝水之战以东晋的胜利而宣告结束，苻坚狼狈退回长安，很快，前秦的帝国大厦便轰然倒塌。

而西进的结果则是：吕光一路势如破竹，往西一直攻下了龟兹（今新疆库车）。吕光后来虽兵退西域，但他也不再回长安，而是在凉州（今甘肃武威）成立了一个政权，史称后凉（386—403）。我们如果看一看吕光攻下的龟兹，则会看到龟兹城与长安城一样，也有三重城廓，庙宇多达千数。百姓以种田、畜牧为业，无论男女都是"剪发垂项"，龟兹王宫十分壮丽，犹同神居。吕光以为宫室太过奢华，命军官段业写《龟兹宫赋》讥刺之。而龟兹胡人，极其奢侈，厚于养生，家家户户都酿制葡萄酒，多的"或至千斛，经十年不败"。随吕光出征的前秦各族将士，何曾饮过如此美味而大量的葡萄酒，酩酊大醉亦在情理之中，所谓"士卒沦没酒藏者相继矣"，就是此等情形的真实写照。

把这些史料联系起来，便可看到前有西汉大宛万石葡萄酒储藏数十年，后有唐朝康居"连年不败"之"千石"葡萄酒储藏，中间的则是前秦龟兹"十年不败"之"千斛"葡萄酒的储藏。而是否有添桶、换桶等工艺，则不得而知。以此类推，"多葡萄酒"的高昌西州也应有大量而长期之葡萄酒储藏，但是否一定有千石万斛之家，数十载之储藏的葡萄酒，现在也是不知道的。

高昌葡萄酒的储藏可从吐鲁番出土文书《高昌张武顺等葡萄亩数及租酒帐》看出。这又是一份残破得非常厉害的官文书,通过分析,我发现它与酒租有关,由酒租又涉及葡萄种植和葡萄酒酿造、储藏。

文书中有"得酒"概念,它的意思就是得浆造酒;有"有酒"概念,它的意思就是有新酿之酒;又有"储酒"概念,它的意思就是储藏之酒。"储酒"的存在说明在当时吐鲁番也有葡萄酒的储藏。而特别奇特的是,在文书中还出现了一个新的概念——"姓"。姓之含义,颇为难解,有的研究者说它是斛的上一级量器单位,但一"姓"等于多少斛斗却不可知。有的说它是姓氏之姓,文书中的"若干姓"即若干人,即葡萄园主。

分析一下,姓氏的说法应该不对,在文书中有"三姓半"、"壹姓半"之记载。若"姓"是姓氏之义,则姓有半个,无论如何说不通了。量器之说法,似有道理,但从姓与斛不成正比关系看,还不能贸然确定。我以为"姓"就是容器,犹如现代酿造葡萄酒之发酵罐,或储藏桶。因其是容器,每姓所存储的葡萄酒可多可少,所以不成正比亦能说得通。而从"姓"的容量来看,大致在十斛以上,而得酒有以半姓计量者,是否说明麴氏高昌、唐朝西州的葡萄酒陈酿有添桶、换桶之工艺？

在现代葡萄酒酿造工艺中，装瓶是理论上的最终加工工艺，也是葡萄酒最终储存形式。瓶贮是提高葡萄酒质量的重要措施之一。在陈酿过程中，葡萄酒要经历一系列基本变化，幼龄酒的浓香味逐渐消失，而形成的香味更为愉快和细腻。在桶中存放两年，再在瓶中储存几年的葡萄酒，与原来的幼龄酒几乎全无共同之处。

高昌西州的葡萄酒亦有瓶装工艺，前文所引《太平广记·梁四公记》中，从高昌送入萧梁之冻酒必定是瓶装的，而在吐鲁番出土文书《高昌条列得后入酒斛斗数奏行文书》中更是直接看到了"瓶"的字眼。这份文书为高昌王国登录的"入酒额"，官府得葡萄酒储存后就须灌瓶，于是就有了所谓的"瓶上长酒"，它的意思就是将所得租酒灌入瓶中剩出之酒，其数竟达300余斛。于是就有所谓的"案额相对，案中长酒"，其中的"额"就是租酒额，"案"则是所得租酒案，即一笔笔的收入，其数亦有225斛。以上两项加上延期交纳的，其"都合得后入酒玖伯柒拾三斛壹斗半升"。可见高昌租酒总量之大。从此件文书中可知瓶装储藏为麹氏高昌葡萄酒工艺之一，而其瓶装数量之大亦可见一斑。

如此看来，高昌葡萄酒储存和现代工艺也是相通的。

# 吐鲁番葡萄酒税

当唐统一吐鲁番地区前，麴氏高昌王国向百姓征收的土地税分为两种：一种是粮食租，即粟或麦；另一种是葡萄酒租。由于吐鲁番地方最高统治者的提倡，佛教发达，当年玄奘受高昌国王礼遇也有其政治文化的因素。但由此带来的一个问题是，寺庙既多，僧人便也不少，大大影响了王国政府财政收入。于是，在高昌虽为僧人，却还得交租，僧侣与平民一样，只是税名分别为俗租与僧租。这样，就形成了高昌特色的土地税征收系统：俗人交纳俗租粟麦与俗租酒；僧人交纳僧租粟麦与僧租酒。根据现在的研究看来，僧租与俗租的内容是一样的，只不过换了一个名称而已。

比如俗租粟与俗租酒。有一份《高昌延寿二年（625）正月张熹儿入租酒条记》，这种"条记"相当于现在的一张收据、一张便条，它可以作证明之用——张喜儿在乙酉岁

（625）正月交纳甲申岁（624）的"租酒"若干，有官吏六人署名。同时，同墓还出土有一张甲申岁"俗租粟"八斗的收条，足以证明这样的事实。

同样，又有《高昌延寿十三年（636）正月赵寺法嵩入乙未岁僧租酒条记》，赵寺和尚法嵩交纳了"僧租酒"3.2斗，说明僧俗输租皆可用酒。

当然这肯定是葡萄酒——它是依种植葡萄的面积来计税的，每亩3斛，与粮食税额相同。

上节《高昌张武顺等葡萄亩数及租酒帐》，就有"主簿尸罗葡萄壹亩半，得酒肆斛伍斗"的记载。这里又有一份《高昌口污子从麹鼠儿边租田、鼠儿从污子边举粟合券》，其大意是说，麹鼠儿向污子租取了常田1.5亩，交与的租价是银钱16文，规定租期为一年，凡是赋税徭役由麹鼠儿负责，如果是渠破水漏，则由污子

**葡萄酒税以葡萄种植面积计算**

负责。另外,污子还要为麹鼠儿"租酒肆斛伍斗",说明高昌之葡萄酒租为每亩3斛。

这就非常奇怪了。恕我浅陋,我真的不知道世界上竟然还有以酒充租的现象,而且这现象又并非一时一事。以中国古代而言,榷酒税是有的,但那是对酿酒征以商业税或特殊商业税,犹如汉朝榷盐、榷铁一般。稍可类比的则在元朝,元代统治者对葡萄酒也征税了,但征收的也是货币,并非葡萄酒。元世祖忽必烈至元年间,葡萄酒征收的税率为6%,比粮食酒税率25%低,御史台提出两者税率是否应该一致。但元世祖以为,葡萄是果品,并非粮食,葡萄酒的消费于国计民生并无大碍,应该大力支持葡萄酒的酿造,维持较低的税率也是合理且合适的。有皇帝的一句话,于是,葡萄酒非但没有与粮食酒税率拉平,反而更为降低,变成了"依旧例三十分之一",即3.3%。但无论如何,这些与吐鲁番高昌王国的实物葡萄酒租是大相径庭的。

高昌王国租税中的另一个奇特的现象是葡萄酒税是零星交纳的。有没有整体交纳的,我不知道。比如《高昌高干秀等按亩入供帐》中,就看到高文邕其人,有葡萄园1.25亩,应当交纳的葡萄酒租"合三斛七斗半",但他交纳的时间分两次,一次在十二月十三日,"一斛八斗,供杂用",第二次在次日。交纳的日期相近或许有其特殊性在，但另有数人，交纳的日期与用途都相隔甚远，更能显示出其奇特性来。比如，玄领寺有葡萄园 1.5 亩，当交纳"合四斛五斗"僧租葡萄酒，这 4.5 斛交纳的日期、份额、用途分别如下表：

玄领寺僧租葡萄酒交纳表

| 日期（农历） | 用途 | 数量（斛，共 4.5 斛） |
| --- | --- | --- |
| 九月七日 | 供劳作人员 | 2 |
| 十二月十五日 | 祀胡天神 | 1 |
| 十二月二十日 | 供厢上（办公人员） | 0.2 |
| 同日 | 货弘志师？ | 0.3 |
| 同日 | 供北厅（办公人员） | 0.4 |
| 同日 | 供鹿门（办公人员） | 0.2 |
| 十二月二十四日 | 供厢上（办公人员） | 0.4 |

又有张文德葡萄园 1.25 亩，应交纳"合三斛七斗半"葡萄酒。十二月十一日 0.5 斛供贵戚田地公；正月十五日，"酢一斛，供作都施（工程监理）"；同日，0.8 斛"供从令尹役人"；余下的 1.45 斛，则不知在什么时候交纳的，也不知其用途是什么了。如此等等，不一而足。

那么，问题就是，今天三斗，明天五升交纳入供的原因又在哪里呢？原来，与粮食不同，由于葡萄酒储藏的特殊性，高昌政府做了很有益的尝试。这样做的目的就在于须避免葡萄酒的污染变质。

我们摘抄《葡萄酒科学与工艺》的一些结论于下：

> 引起变质的酵母，它们污染厂房和设备器材，能抵抗酒精、无水二氧化硫，在无空气情况下，长期存活在葡萄酒中达好几个月，它们和一般酿酒酵母不一样。葡萄酒贮存期间，有时会出现酵母繁殖，使澄清的酒变混浊，并生成沉淀。酒中含有还原糖时，会出现真正的发酵，使酒中含有气体。这种反常现象会发生在酒桶、贮酒槽或酒瓶中。
>
> 这些不是酿造葡萄酒的酵母，但它们的抵抗力强。甜葡萄酒的再发酵和某些瓶装干葡萄酒出现酵母沉淀事故，并不是由于主发酵的好酵母，而是由于某些能够长期存活在酒精和游离二氧化硫存在下贮藏的酵母。选择的储藏条件，正好适合于变败酵母。常常使某种葡萄酒变败的酵母，有时只有一种，它能够适应不利条件。有些酵母应该和有害细菌一样，把它们列入危险微生物。
>
> 实际上葡萄酒在口味和气味方面对任何污染和影响都特别敏感。它易于吸收酒窖和容器的不良气

味和口味物质。酵母和细菌的污染会在容器和设备之间传播。

葡萄酒在生产和储存过程中,总是面临着微生物污染的问题,这种污染会降低酒的质量,严重时使酒完全报废。各种微生物可以利用酒中的关键成分进行生长,在这些成分被分解、不利的物质生成之后,葡萄酒的组成和口味就发生了根本的变化,微生物细胞悬浮于酒液中会使酒体浑浊。由于污染,酒中会含存大量气体,酒的色泽也会受影响。这称为酒的病害或败坏。

据此,葡萄酒的生产和储存中须特别注意防止各种污染。假若把各家各户酿制的葡萄酒全都混杂在一起,则会大大增加这种污染的可能性。于是,高昌麹氏的葡萄酒税的征收,便也是琐碎的了。

实际上,《太平广记·梁四公记》的记载也隐隐约约地说明了这个问题。当杰公指出冻酒的质量不好时,他说"冻酒并非是八风谷所冻的,又以高宁酒和之"。高昌使者不得不承认,"盐及冻酒,奉王急命,故非时尔"。而杰公向梁帝解释他之所以知道葡萄酒质量不好的原因是:"蒲桃,洿林者皮薄味美,无半者皮厚味苦。酒是八风谷冻成者终年不坏，今嗅其气酸，洿林（高宁）酒滑而色浅，故云然。"也就是说，葡萄酒的质量和葡萄的质量有关，八风谷冻成之酒不能掺和"滑而色浅"的"洿林（高宁）酒"，一经掺和，"其气"则"酸"。

我曾经为诸种不同或同种葡萄酒能否掺和问题请教过一些酿酒专家。他们认为，从原则上说，葡萄酒的掺和是不成问题的，因为在添桶时就有葡萄酒的掺和工艺。但他们又强调指出，添桶时要用同年龄、同品种、同质量的原酒，其目的还在于防止葡萄酒的杂菌繁殖。

麹氏高昌时期各家各户酿制的葡萄酒是否为同年龄、同品种、同质量的原酒，有没有带有污染微生物的葡萄酒掺杂其间，那就很难说了。一粒鼠屎能坏一锅好汤，万全之计还是如同《高昌高干秀等按亩入供帐》中所记载的那样，按照需要，各家各户不定期入供葡萄酒为好。

于是我们说，高昌葡萄酒税的征收，与葡萄酒的酿造、储存特点有关。为避免葡萄酒的污染、变质、败坏，往往采取不定期、不定量的入供方式。

这真是奇特而又奇特的事。无论中外，如果读者诸君还知晓葡萄酒这种实物作为租税交纳官府的其他事例，不妨告我一声，以增长我之见识也。

# 高昌冻酒——世界上最早的葡萄冰酒

葡萄和葡萄酒说到这个份上，也应该打住了。但是且慢，还有两件与中外交通有关的很有趣味的事情要说一说。一件是冰酒，一件是蒸馏酒。我先说冰酒。

现在的葡萄酒品类繁多，其中有一类叫作冰酒。冰酒并非是加冰的酒，而是经冰冻的葡萄压榨发酵制成的葡萄酒。这种冰冻的葡萄是自然形成而非人工促成的，唯有自然的才是上乘的，就像现在的许多商品往往强调手工制作一样。一般认为，现代意义上的葡萄冰酒是在欧洲发明的，它的发明有极大的偶然性。据称，18世纪末，德国某地的一个葡萄园突然遭受霜害，一串串葡萄来不及采摘，仍然挂在葡萄架上。看着心疼啊，葡萄园主及酿酒师为了减少损失，不得不死马当活马医，还是照老法子来，将冰冻的葡萄采摘、压榨，按传统的方法酿造。真没想到，坏事变成了好事，一种新的葡萄酒品种便在世上出现了,人们将它命名为冰酒。

冰酒风味独特,酸甜比例适当,甘如蜂蜜,香若茗饮,清新可口,饮之有酣畅淋漓之感。后来人们才了解到冰酒好喝的缘故:霜冻的葡萄经过冰冻和解冻,葡萄中的糖分便浓缩了,这就使得酿成酒的风味也随之提升了。冰酒的制成是经过天寒地冻的大自然考验的,千锤百炼,当然好喝啰!冰酒的酿造技术后来由德国传入加拿大,当地人进一步改良,酿出的酒更独特,更醇香。葡萄冰酒之所以珍贵,原因在于:其一,它的制造过程较普通葡萄酒更为复杂;其二,同样数量的葡萄,冰酒的出产量少得多。比如,按照普通的制法,原 1000 公斤的葡萄,约可产出 700 公升的葡萄汁,糖份约占 20%。而在冰冻之后,只能出产 600 公升的葡萄汁,糖份则提高至约 45%。这 600 公升的汁,最后只能制成约 150 公升的冰酒。由此可见冰酒的珍贵。

偶然就这样变成了必然。人们通过实践,加以研究,对于冰酒的成因便有了科学的认识。原来,冰酒的酿造与普通红、白葡萄酒是不同的。其一,普通的葡萄酒,葡萄一般在公历 10 月完全成熟时采摘酿造,而冰酒的葡萄在自然状态下要在葡萄藤上多挂两三个月,一直到 12 月至 1 月,气温降至零下 8 摄氏度,等到葡萄的颗粒冷冻至固体状态时再进行采

第一章 葡萄美酒自西来

**冰酒——酒中冰美人**

摘。这个时候,冬季的冷风频频吹抵葡萄园,葡萄经过大自然严酷的考验,有了一种类似天然风干的效果,葡萄汁液便得到深度熟化,而原先大量存在于葡萄皮中的氨基酸和矿物质便溶于汁液之中,同时,汁液的糖分和果酸含量更加浓缩。当清晨来临,人们便以最快的速度采摘葡萄,将结冰状态下的葡萄进行压榨。这时的葡萄,其中的水分虽结了冰,但糖以及其他溶于水的物质并没有凝结。于是,冰冻葡萄挤榨出来的葡萄原汁更浓,故而可以酿造更加精华的甜葡萄酒。其二,对于冰酒来说,"冰冻"这一过程是在发酵前发生的,而并非在发酵后。这就要求酿制冰酒的葡萄是不能沾染灰霉菌

**冰冻葡萄**

或者贵腐菌的，至少不能严重发霉。这与别的葡萄酒不同，假若葡萄在冰冻前发酵了，便也不能制成正宗的冰酒了。而只有健康的葡萄才能保持良好的品质，这样的葡萄酿制的冰酒清爽可口，酸度和甜度才得以平衡。有趣的是，葡萄酒界对于没有沾染霉菌的葡萄有一种约定俗成的称呼，那就是"干净的葡萄"，而"干净的葡萄"是制造冰酒所必须的。

摘抄了那么多的冰酒制作方法，其关键的程序就在于成熟葡萄的自然冰冻，而酿造的程序与普通的葡萄酒似乎也没有什么不同。不过正是从上面的叙述中可以知道，原来冰酒完全是从西方过来的。

但在我看来，这种说法虽然不错，却有点问题。因为实际上在中国古代的吐鲁番就生产过冰酒，只不过它的名字叫冻酒而不叫冰酒——这又是中国古已有之的。可惜的是，在

## 第一章 葡萄美酒自西来

一段时间以后,它在中国已经失传了。但是中原地区连普通葡萄酒的酿造方法不也是中断过嘛?在这样的情况下,我今天就要在这里给中国的冰酒——吐鲁番的冻酒正正名,争争发明权。我要说,早在 6 世纪的高昌王国,人们就已经有意识地生产它了,高昌冻酒才是世界上最早的冰酒。

要正名,必须有考据。于是在这里,我不得不稍稍违背余、李二先生的要求而进行一些有点繁琐的考据。前面在讲到葡萄干与葡萄酒的时候,都说到过杰公这么一个人物,说到过《梁四公记》这么一篇带有传奇性的文章。但依我看来,这篇记载正是当时高昌王国实际情况的写照,就特产看来,它虽有夸张,但总体属实。从作者借着杰公之口说出麴氏高昌王国那些在史籍上都难以找到的洿林、无半、高宁、南平、盐城等地名时,还怀疑什么呢?当人们只是在现在偶然留存下来的吐鲁番文书中看到这样的地名时,还能说些什么呢?

我要再一次说,我太佩服杰公了,太感谢记载这则故事的作者了!读者诸君若是想一想,虽然都说"浪花淘尽英雄",但实际上,非但是英雄人物,就连事件、时间、地名等等,哪一样不被历史过滤淘汰呢?在历史长河中有那么多的东西被过滤淘汰了,然而后来失传的葡萄冻酒却偏偏通过杰公的话就这样留了下来,你说这是多么难能可贵之事呵!

但是,这里的冻酒就是现代的冰酒吗?实际上,我想,在我进行考证之前,不要说现代人不知道,就是在古代,除了高昌出产地的人们及见多识广、受人尊敬的江南杰公,也应该是无人知晓了。

古代有一位名气只稍逊于屈原的宋玉,他也是战国时期楚国人,时代上稍晚于屈原。他写过有名的《招魂》,也收入《楚辞》中,其中有与酒有关的文字"挫糟冻饮,酎清凉些"。这对于我们来说,有点难懂,古代人也好像不是太懂。好在研习楚辞的专家学者历代皆有,于是便也能大致明白这八个字的意思。比如唐朝的注家说,这两句话八个字说的是,盛夏时,人们饮酒时将酒糟过滤了,只取其清醇之酒,将它放在冰上,然后再饮——冷冽清凉,味道好得不得了。唐人虽喝到了葡萄酒,但肯定不会糊涂到说宋玉时代的那么好喝的酒是葡萄酒,或许是它是米酒,总之它是粮食酿制的酒——因为当时的楚国还没有葡萄呢。

但后世的人们为了注解这里的"冻饮",有时候也要花样翻新,便使出浑身的解数,一个方法便是从古籍中找灵感。明代有一个楚辞注家名叫蒋骥,他就是这样做的。前面两句的注解他没有超越前人:其一,以为"冻饮"的"冻"就是冷的意思,"冻饮"有点类似于冷饮;其二,他认为,有人把

第一章 葡萄美酒自西来

它看成是人在冰上饮酒,且这种酒还要以水和(釂)之——那就闹笑话了。关键在于,蒋骥为了解释宋玉的这两句楚辞,提到了以上引用的《梁四公记》,他颇不自信地说:"固酒之制为冻者欤?"解释一下就是:难道这个酒制作的时候就是冰冻的吗?哈哈,极是极是!太妙了!生活在明初的蒋先生肯定不知道现代的冰酒是怎么回事,但他离奇的想法却使他无限地接近了葡萄冰酒的真相。当然,他不会明白,高昌所献之酒与宋玉说的酒并不一样,用葡萄冻酒来解释战国时代的冻饮酒,那可真是毫不相干了。归根结底,他还是没说清楚,或者说他没有读懂《梁四公记》中关于冻酒是葡萄酒的这段话。真的,宋玉的冻饮与高昌的冻酒可谓是风马牛不相及。

一些读过这段话的现代人好像也没有搞清楚这段话的意思,虽然他们的视野比古人更加宽阔了,他们已将高昌冻酒正确地解释成葡萄酒了,但他们又将冻酒看成是白兰地一类的烧酒,并将古人所说的烧酒是"酒之精液"比作现代葡萄酒酿造工艺中以冷冻酒液来增加酒的稳定性的方法,那又不对了。

我想,冻就是冷,同时也与冰有关系。当时欧洲的人们因冰而称其为冰酒,高昌的人们则因其冻而称其为冻酒,两者本没有什么差别。而当近现代西方的冰酒传入中国时，出口的转成了内销，如何翻译英语的 Icewine 或者德语的 Eiswein，便摆在翻译家的面前。我想，假若当年的翻译家知道有高昌冻酒，知道中国古代是有过冻酒的，便不会把英语的 Icewine 或者德语的 Eiswein 翻译成冰酒的，他们肯定会翻译成冻酒的。若果真如此，那么汉语中的冰酒也就成了冻酒了。尤其须要指出的是，Ice 固然有冰的意思（名词），但也有使结冰的意思（动词），使结冰不就是冻吗？冻就是动词——吐鲁番的冻酒更注重葡萄冻酒动态的成酒过程。

假若要我现在来说说取哪一个名词更好时，我肯定赞成冻酒这个词：冰酒，嗯，名实不符；冻酒则名至实归。一个静止，一个动态，哪个更好些？何况老家乡谚说道"田稻是别人的好，儿子是自家的好"，自家的孩子自家爱嘛。

那么，为什么说高昌冻酒就是现代的冰酒呢？杰公与高昌使者的对话及向梁武帝的解释就是解开此层意思的金钥匙。

第一，高昌冻酒是在什么地方制成的？高昌王国的八风谷。顾名思义，八风谷就是风多，八面来风嘛。风多，气温必然有异于他地，即此处有生成冰酒即高昌冻酒天然之好条件，冷风频频可是冰酒生成的先决条件。而高昌冻酒是在八风谷"冻成"的，"非八风谷所冻者"便不行。注意，杰公所说的"冻成"也好,"所冻"也好,都是使结冰然后成酒的意思——我想,这应该是一个过程,这个过程与德国偶然发生的冰酒酿成的过程可说是完全相同,高昌冻酒的得名也正由于此。

第二,高昌所贡冻酒"酒滑而色浅",原因何在?仔细读读上面的文字,不是说那年的葡萄不熟吗?葡萄不成熟就发酵,便也酿不出好酒来——因为它不是"干净的葡萄"了,使者不是说冻酒不好是因为"非时"采摘、"非时"发酵、"非时"酿成的吗?条件不符合,冻酒也就不能成其为冻酒了,何况其中又羼了高宁酒、洿林酒,那酒便更不"干净"了。"酒滑而色浅",滑就是滑腻,就是发酸发臭变质,滑腻腻的酒,颜色也好不到哪里去。原本"终年不坏"的冻酒,总归因为没有天时、地利、人和的条件而气酸味滑色浅了。

这里我还要特别指出文中似乎有差错而实际上非常出彩的地方。杰公对使者说的是"冻酒非八风谷所冻者,又以高宁酒和之",对梁帝说的则是"酒是八风谷冻成者终年不坏,今嗅其气酸,洿林酒滑而色浅,故云然。"又是高宁酒,又是洿林酒,两者岂非矛盾,杰公是不是搞错了,高昌所贡的冻酒中到底羼了哪种酒呢?我的回答是,杰公没搞错,他是故意那样说的。我们已经知道洿林的葡萄是上乘的,无半的葡萄不行，高宁的葡萄如何没说，但估计总比洿林的差一些吧。原来，杰公这样说的意思便是，不论葡萄如何优良，如果不是八风谷的冰冻葡萄所酿的八风冻酒，无论如何都是不行的。如此传神之笔，你说我佩服不佩服杰公，感谢不感谢此书的作者呢？

当然，高昌的冻酒至迟在中原的萧梁时代，即6世纪中叶以前，便有意识地进行生产了，而对于其酿制过程，也应该是完全掌握了。它是偶然的，还是必然的呢？我们也无从而知了。

假若有人提出疑问，冻酒果真是冰酒吗？那么，我倒要反问一句，为什么叫它冻酒呢？《梁四公记》中不是说，高昌使者经过"数年方达"目的地吗，如果一路冰冻而来，能保持这样的冰冻，恐怕在金庸的小说中才可能出现吧？但可惜的是，它失传了。我想，假若在现在，能够入列世界非物质文化遗产名录，入列国家地标特产名单，高昌冻酒也不至于遭遇失传的厄运。但无论如何，我总得为它正名，为它振臂高呼：高昌葡萄冻酒是世界上最早的葡萄冰酒！吐鲁番冻酒是世界上最早的葡萄冰酒原产地！读者诸君意下如何？

# 庄园葡萄酒蒸馏的猜想

我不得不啃一啃葡萄酒蒸馏这块硬骨头了,这个话题如鲠在喉,不吐不快,如果不在这里说,放下以后,恐怕再也提不起我对这桩公案的看法了,尽管这是一个难以说得太清楚的问题。其原因则在于公说公有理,婆说婆有理,关于中国的蒸馏酒到底起源于何时的争论太激烈了,假若没有相当的定力,肯定是要被搞得头昏脑胀的。我现在把最关键的说一说。

关于蒸馏酒,现在的说法很多,大致数一数,就有元代说、宋代说、金代说、唐代说、东汉说、外国传入说等,多得不得了。在这众多的说法中,最靠谱的非"元代说"莫属,原因非他,有书一本——写成于元文宗天历三年(1330)的《饮膳正要》,其中就记载了蒸馏酒的味、性,制作的用料、方法和过程等。这就为它江湖龙头老大地位的奠定打下了坚实的基础,尽管在这本书中出现的蒸馏酒的名称并不是后来通行的"烧酒"或"白酒",而叫作"阿剌吉"。

阿剌吉在蒙古语中的意思就是"烧酒",是蒸馏制成的酒精含量很高的烈性酒。由于是音译,在汉文中它还写作哈剌吉、哈剌基、阿里乞、轧赖机等。在这样的流传过程中,阿剌吉渐渐地汉化了,法酒、酒露、汗酒、重酿酒和烧酒这样的名称便也渐渐开始使用,到现在,除了专家知道阿剌吉这个词以外,恐怕很多人都无从知晓了。而现在最流行的"白酒"一词的出现,则是在元代以后,也就是明代的事儿了。

人们便要进一步追究这个"阿剌吉"的根底了。它是蒙古民族语言中本来就有的吗?不是的,蒙古语中,原先指称

**内蒙古特产皮囊酒**

第一章 葡萄美酒自西来

"酒"的单词是"答剌速",这个答剌速也不是蒸馏而成的,而是发酵的马乳酒之类。说起来,阿剌吉虽是蒸馏的酒,但最初还与马乳有些关系——蒙古民族掌握了蒸馏技术,最初蒸馏的就是发酵了的马乳。

既然如此,蒙古民族的蒸馏技术又是从什么地方学来的呢?也就是说,阿剌吉这个词是从哪里来的呢?历史学家追寻着"阿剌吉"的本原,终于发现:它也是一个音译,它有着阿拉伯语和波斯语的血统,它来自遥远的西亚,它的本义就是烧酒——说起来也真够源远流长的。想想也不奇怪,蒙古民族以善饮酒著称,蒙古民族为马背上的民族,颠沛流离、东征西讨,制成阿剌吉实在是当然的事——今天的火锅不也是蒙古大军在行军过程中的创造吗?

既然蒸馏酒"元代说"最靠谱,那么,其他各种说法是不是就全错了呢?也并不尽然,但其他各家的说法有极大的弱点,这种弱点与"元代说"的特点恰好形成鲜明的对照——元代说有根有据,而其他各家无论怎样努力,文献与实物的佐证还不能完全说明蒸馏酒出现的事实。比如,唐代文献中有"剑南之烧春",白居易诗歌中有"荔枝新熟鸡冠色,烧酒初开琥珀光"。它们虽有烧酒之名,却并不能说明有烧酒之实。又比如,上海博物馆馆藏有东汉时期的青铜蒸馏器。有此蒸馏器,从技术上说酿造烧酒应该没有问题了,但烧酒就一定是那时出现的吗?也不一定。这等事例如果拿数学科学的术语来比况,则是只有必要条件而无充分条件。科学的证明,只有当充分且必要的条件具备时,才能成立。

当然,到后来,依我看,这样的争论便真的有些"醉翁之意不在酒,在乎山水之间"的意思了——人们更注重的是科技史上的事,而白酒何时出现在中原大地上反而成了次要的事了。

但是,总有一些人不甘心:中国古代酒文化博大精深,居然迟至元代才出现烧酒?这是不可能的,技术手段不是成立了吗?这些人当中就有好喝两口的我。于是,我还得说说唐代葡萄蒸馏酒的问题——没有合理的想象,社会就不会进步,学术就不能推进。而这个问题还得从李时珍的《本草纲目》说起。主张蒸馏酒起自元代的学者中,有一个非常要紧的论据是李时珍说过这样的话:"(粮食)烧酒并非古法,它自元时始创。其法用浓酒和糟,蒸馏之令酒汽上腾,冷却后用器具承取滴露就行。而如果有酸坏之酒,也可以用这样的方法蒸馏。"李时珍这样的古代科学家都说话了,"元时始创",还有什么可怀疑的?但且看李时珍的另一段话:"(葡萄)烧者取葡萄数十斤拌和大曲先酿成酢,用酢置于甑中蒸

第一章　葡萄美酒自西来

馏，冷却后用器具承其滴露，红色可爱。这是古代西域烧造之法，唐时破高昌始得其法。"大家看一看，就知道粮食"烧酒"与葡萄"烧者"制作方法手段如出一辙，"浓酒"和"酢"，"糟"和"大曲"，"蒸馏"、"冷却"，"承其滴露"，用词相同或差之不多，但结论则大异其趣，后者竟然是"古者西域造之，唐时破高昌始得其法"。同样是李时珍，同样是斩钉截铁，却是如此不同的结论，这是怎么回事呢？我们就要来看看一幅对于葡萄酒的酿造来说非常重要的壁画了。

这幅壁画在2004年就为人们所知晓，它出土于吐鲁番地区的一个9平方米的墓室中，依墓内器物推断，壁画绘制的时间当在4世纪前叶的十六国早期。这幅壁画长2.5米，宽约0.6米，它被命名为《庄园生活图》。这幅壁画很有情趣，特别是有反映葡萄种植及酿酒业概貌的画面，我把李肖先生对这幅壁画的介绍摘录在下面：

> 位于右侧的庄园田地分为三部分，右上角的方形土地绘有三棵树，旁边写有一个"树"字，根据树的形状和以往阿斯塔那墓地壁画墓的出土资料，"树"当指桑树，是古代高昌地区丝织业的生产基础。右下角的方形框内绘有密集的藤类植物，旁

边写有"蒲桃",应象征着葡萄园。左侧长条状土地自上而下分为六块,在第二块内写有一个"田"字,当为种植粮食或经济作物的农田。

壁画的左半部分反映的是庄园主的戎马生涯和庄园生活图。在画面的中部是庄园饲养的家畜,自上而下依次是骆驼、狗和山羊。家畜的左侧是一幅汲水图,一个人正站在井边用绳系的陶罐汲水;其下方是一人用脚踏的臼杵舂粮食;再向下是一人用磨盘磨面,磨盘的旁边还绘有一只鸡,表示鸡在啄食散落的粮食。磨面人的后面似乎是一幅压榨葡萄汁的画:在一个曲足案上放置有大桶,旁边有一人用弯曲的棒状物伸向桶内。桶内下部三分之二处是许多圆球,可能代表葡萄;上面三分之一

《庄园生活图》局部

处画一横线，可能代表压榨出的葡萄汁。为了形象地反映出葡萄汁的过滤过程，曲足案的侧面被特意画成网格状，象征着大桶下的滤网。在"榨汁图"的右侧上下排列着两个图案，只有放置的器物，没有人物形象，或许也与"榨汁图"有关：下面的图案是一个三足釜上放置着容器，可能象征着酿酒之前煮葡萄汁的工序；上面的图案是一个三层塔状的曲足案，下承一罐，与发酵酿造以至装罐的工序有关。

我读壁画，要补充一点：北斗星座下有一案，双足，上有一容器，透明似琉璃钟，盛有有色液体，或为琥珀色，为葡萄酒无疑，或供奉日月星辰？若果真如此，则唐宋文人骚客的诗文中屡屡见到的同名或稍小之琉璃杯等都又有了着落，它也是中西交通中的重要一环，按下不提。

早于麴氏高昌时期的葡萄种植在这里形象地出现了，而生动逼真的葡萄酒酿造工艺更使我兴奋不已。这里是个体庄园，压碎葡萄的方法跟唐代官方葡萄园的"踏浆"不同，它用弯曲的棍棒搅压——这是我说过的现代小型生产中，把葡萄串或果粒倒进木槽或浅盆中，用手挤破或木棒捣碎的历史依据。

  问题的关键是，左下图案上有一个三足釜，釜上还有一个容器，介绍说是酿酒之前煮葡萄汁，这就更有趣了。而我还特别注意到，李肖先生对此图案还曾经有过"蒸馏"的解释，后来不知为什么改了口。看起来，要真正读懂壁画的含义还挺不容易的。暂且依着李肖先生前一种解释，即釜煮葡萄汁这个思路往前走。

  从前述知道，葡萄酿酒，无论浆还是汁，都是自然发酵，不用蒸煮的。煮了葡萄汁干什么用，令人百思不得其解。但是，再比照着《北山酒经》中的一段话，却觉得李时珍太厉害了——他在多少年以后，居然看清了高昌葡萄酒酿法有两种（加上"或曰葡萄酒"有三种）的奥秘，或者，他本来就知道这样的奥秘。而实际上，在李时珍以前的中原的人们都是依着釜煮葡萄汁这样的方法酿造葡萄酒的。

  大家看一看我已经引用过的《北山酒经》上说："蒲萄酒法：酸米入甑蒸起，上用杏仁五两（去皮尖）、蒲萄二斤半（浴过干，去了皮），与杏仁同于砂盆内一处，用熟浆三斗逐旋研尽为度，以生绢滤过。其三斗熟浆泼饭，软盖良久，出饭摊于案上，依常法，候温入曲搜拌。"

  "熟浆"是什么？熟浆就是釜煮的葡萄汁。用三斗葡萄

第一章 葡萄美酒自西来

"熟浆",等它稍凉拌一甑糯米饭发酵酿制而成的酒就是葡萄酒（现在的糯米饭酒就是这样做的）。李时珍的葡萄酒酿法,也是这种方法,"酿者,取汁同曲如常酿糯米饭法",汁就是釜煮葡萄汁。金代的刘氏许氏"摘其实,并米炊之",也是釜煮葡萄汁的改良。看起来,我不得不检讨自己了：学历史的居然没有一种历史的同情,非得以现在的葡萄酒来说事,全然不顾当年中国古代葡萄酒的一种酿法,信口雌黄,还讥笑李时珍的葡萄酒与曹魏君臣喝的不是同一种酒呢,惭愧。现在通过读图而一旦醒悟,有如醍醐灌顶,更像芝麻开门,得鱼而忘筌,不失为一种意境也。也就是说,纯葡萄酿酒是一种酿法,釜煮葡萄汁淋饭酿酒也是一种酿法。我先前所说的李时珍的葡萄酒酿法制成的不是真正的葡萄酒的说法要改正,它在当时中原人心目中才是真正的葡萄酒,而不用饭的葡萄酒反而被人们认为是"或曰葡萄酒",即不正宗的葡萄酒了呢。

　　说到这里,不禁感触良多。其一,中国古代喝了一千七百多年的葡萄美酒,包括诗仙李白在内,包括高唱"葡萄美酒夜光杯"的王翰在内,喝的竟然不是纯的；其二,葡萄在中原总归种植不多,李时珍用葡萄干酿葡萄酒是不得已的；其三,说西域胡人奢侈的原因在他们有那么多纯的葡萄酒,这是以中原人士的眼光看世界的结果。

当然，李肖先生的另一种解释，即蒸馏也是可能的。釜之为物，敛口圜底，或有二耳。其用于鬲，置于灶，上置甑以蒸煮——破釜沉舟、釜底抽薪都是这样的釜。

釜上置甑以蒸煮——太妙了，李时珍不是说葡萄烧酒法葡萄须"入甑蒸之"吗？但蒸馏器中的导管冷却之类的物件却没有看到，而下面也没有薪火之类。或者，它是为葡萄烧酒做准备？或者，古时的人们在蒸煮的过程中，香气出来了，于是便用蒸馏器制葡萄烧酒？又或者，葡萄酒酿制过程中，有些酸败，"酸坏之酒，皆可蒸烧"？李时珍说葡萄烧酒，就有酿酢一词，此概念在古高昌也有；而酢之为物，又有腐败酸臭之义。于是两者之关系，也就清楚起来。

假如我们看唐太宗令人据高昌法造"八色"葡萄酒，"芳香酷烈"。酷烈的意思却与

**釜与甑**（李锦绣摄）

第一章　葡萄美酒自西来

明初饱学之士叶子奇所说的葡萄酒"名曰哈剌基酒，极酸烈"相合，也与我们现今关于白酒的浓香色味相符合。他说：法酒，用器烧酒，取其精液，叫作哈剌基酒，极浓烈，其清如水，原因就在于它是酒露。他还说：每年在冀宁等地区所制作的葡萄酒，八月到太行山中辨其真伪。真的不结冰，倾斜酒器就会流注；假的由于掺杂了水分，一到那里便出现冰凌，而中间坚硬无比。如果是真的葡萄烧酒，储藏时间长久的话，即使处于最冷的气温之下，其余都结冰了，而中间那一块垒，永远不结冰，因为它是葡萄酒的精液的缘故。人们如果喝了它便会酩酊大醉，夸张一点可说是醉死过去。如果是储藏了二三年的葡萄烧酒，它的性子也是极烈的，也有"大毒"，甚至也能使人醉死。

叶子奇说的真假问题，其实就是葡萄烧酒（即现今意义上的白兰地之类）是用葡萄浆汁酿造还是在葡萄浆汁中羼水酿造的问题，葡萄不羼水烧造的才是真烧酒（即便是发酵酿制的[不是蒸馏的]葡萄酒，也不能羼水），专家告诉我们，真正的葡萄酒是不羼水的！

叶氏既说粮食酒，又说葡萄酒，而大家知道，即便是元代的阿拉吉，它最初的酿造物也是葡萄、大枣"及一切味不正之酒"——这是主张蒸馏酒"元代说"最有力的支持者黄时鉴先生说的。于是，这里就有一个源与流的问题了。

　　说来说去，绕来绕去，我的意思是，李时珍关于葡萄酒的话每一句都有历史根据。既然如此，他说葡萄烧酒"古者西域造之，唐时破高昌始得其法"，也应该就是历史的事实了。但我还是看不清楚《庄园生活图》左上曲足案上的"三层塔状"物，它是什么东西呢？它会不会就是蒸馏器之类呢？也只有有待读者朋友、专家学者教我了。

　　我的最后结论是什么呢？告诉你吧，朋友，松鼠会的一篇文章讲到蜂胶有用否的问题时，是这样说的：科学的手段是证明。要证明蜂胶有用，证明不了，那就是无用；但要证明它无用，也证明不了，那就是有用。呵呵，科学手段也有局限性，同志仍须努力呵！

## 第二章

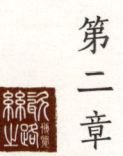

## 金银铜币汇高昌

我取这个题目，无非是以金银铜币来代替货币而已。在我们要讨论的这段时间之内，在吐鲁番地区，实际上金币未曾大量流行过，倒是麻棉丝织物曾经充当过一般等价物。有着这么复杂的经历，回味这段货币的通用历史，看看它到底是怎样发生发展的，再围绕着货币关系，讲政治、讲商路、讲交通、讲商队、讲气候、讲其他形形色色相关的事，该是很有意思的事吧！

## 四百年惨烈

唐代诗人王维《送元二使安西》诗末句为:"劝君更进一杯酒,西出阳关无故人。"王维与元二喝的大概就是葡萄美酒。诗歌的感染力极强,我分明感受到了一种悲壮,一种浓情(元二名元常,王维的朋友,兄弟辈中排行老二,故称元

**高昌古城**(李锦绣摄)
遥想当年,繁华似锦,如今断壁残垣,仍显露出不灭的霸气。

二)。元二出使当在 8 世纪前叶,那时的安西都护府,就在龟兹城(今新疆库车),但唐最初设立时却是在西州高昌,也就是吐鲁番,后来移到了龟兹,而当西域战事吃紧,也曾几度从龟兹迁回高昌城。而在这里,我就简要地说说吐鲁番地区在 4 世纪中叶到 8 世纪中叶这四百年间是怎样惨烈地走过的。因为吐鲁番地区的货币关系演变,与错综复杂的政治形势的变化,与丝绸之路的畅通与否都是分不开的。

随着西域政治军事形势的变化,中央控制西域地区的戊己校尉和西域都护,在东汉末年时已经是时置时废了。而进入曹魏后,虽则中原地区战事纷纷,但曹魏政权对于西域的控制,可以说是时刻没有放松。曹魏和西晋都继承了汉朝的那一套制度,仍然在西域设置戊己校尉及西域长史等官职。西晋后期,中原便进入了所谓的"五胡乱华"的历史阶段,在北方就有"十六国"时期。而此时吐鲁番的建制也发生了变化。

328 年,张氏建立的前凉政权,作为十六国中的一国,就在吐鲁番地区设立了高昌郡,它隶属于设置在敦煌的沙州——这可以说是中原政权第一次在西域之地设置郡县,有着非同小可的意义。而前凉的首府则在凉州姑臧城(今甘肃武威)。

376年，建都长安的氐族前秦政权攻破凉州姑臧城，前凉灭亡，高昌郡就此归属前秦。我们知道，当时留在史籍中的凉州刺史名叫梁熙，高昌太守则为高昌人杨翰。

384年，前秦被鲜卑族的慕容垂、慕容冲和羌族的姚苌等势力瓦解。奉命西讨龟兹的前秦大将吕光于385年入据姑臧，第二年建立后凉王朝，高昌郡又转入后凉手中。394年，吕光任命其子吕覆为西域大都护，镇守高昌。但为时不久，建康（今甘肃酒泉西南）太守段业就在397年自称凉州牧、建康公，据有高昌。仅仅过了一年，在398年，又有敦煌太守

统万城遗址

## 第二章　金银铜币汇高昌

李暠自称凉公，建立了西凉政权，在这以后，高昌就一直处于西凉的控制下，而这个李暠后来被唐朝的统治者李渊、李世民等认作自己的先祖。随后，卢水胡沮渠氏沮渠蒙逊攻杀段业，占据张掖，建立北凉政权。421年，沮渠蒙逊又攻灭西凉，高昌遂为北凉所控制。而北凉从424年、425年间起臣服于建都于统万城（今宁夏靖边县）的大夏国——大夏为匈奴族的赫连勃勃所建。于是，吐鲁番地区也就在大夏的控制之下了，吐鲁番出土文书中就有大夏政权行用年号的留存。

当此之时，漠北的又一个强大的游牧民族柔然兴起了。435年，在柔然的扶植下，高昌阚爽自立为高昌太守，吐鲁番地区遂脱离了北凉的控制，而这一结果，导致吐鲁番地区出现了独立割据的倾向。

439年，统一了北中国的北魏攻围姑臧，北凉沮渠牧犍投降，而北凉残部在酒泉太守沮渠无讳的率领下，西据鄯善（今新疆若羌），仍以北凉政权继承人自居。

442年，沮渠无讳北攻高昌阚爽，阚爽弃城奔柔然，沮渠无讳占据了高昌，第二年便自号凉王，在高昌形成了一个独立的地方王国，高昌郡的时代至此告一段落。

443年，沮渠无讳死，弟沮渠安周立。安周不断向盘踞交河城的车师前部发动进攻，终于在450年借助柔然的力量，攻陷交河城。车师王伊洛父子绕道焉耆（今新疆焉耆地区），东入北魏首都平城（今山西大同）。就这样，从西汉时就一直存在着的车师国至此终结了它的历史，而沮渠氏的高昌政权统一了整个吐鲁番盆地，这也是有很重要历史意义的。

十年后，北凉灭于柔然，柔然立阚伯周为王。从阚伯周开始，吐鲁番进入高昌国时期，但阚氏高昌基本上是柔然的傀儡政权。

高车是柔然北部的一支游牧民族，最初臣服于柔然。485年，柔然可汗予成死，其子豆仑可汗初立，国势衰微，高车族的副伏罗部乘机于487年叛离，西迁至吐鲁番地区的西北，建高车国。高昌的阚氏大概也由此脱离了柔然的控制。但很快高车就代替了柔然在这里的角色。491年，高车王阿伏至罗杀阚首归兄弟，立敦煌人张孟明为高昌王。

张氏的统治仅维持了数年，国王就被国人所杀，马儒被立为高昌王。由于不断受到高车的压迫，马儒曾在497年遣使北魏，要求举国内徙。此举引起了高昌旧人的不满，不久，他们杀掉马儒，立麹嘉为王。从此，开始了麹氏高昌王国长达一百四十年的统治。

麹嘉在位时，仍然受到柔然或高车的压迫，所以也曾数次向北魏要求迁往内地，但始终未能成行。6世纪中叶，柔然被突厥所灭,突厥成为漠北的霸主,高昌又臣服于突厥。7世纪初,突厥一度衰弱,高昌又依附于铁勒,并同时与隋通好,极力推行汉化,这些引起反对者不满,曾发生政变,政变者维持了六年的统治。在高昌大族的帮助下,麹氏王室平定了叛乱,重新统治了高昌王国。唐朝建立后,麹氏感到了威胁,于是联合天山北部的西突厥,与唐为敌,最后在640年兵败,高昌国最终灭亡。吐鲁番地区经过多年的割据后,进入西州时代。

作为唐朝的边州,和同在贞观十四年(640)设置的庭州(今新疆吉木萨尔)一样,西州是唐朝经营西域的基地。唐朝的安西都护府最初就设立在西州的交河城。

贞观二十二年(648),唐向焉耆进攻,擒斩了附属于西突厥的焉耆王,继而攻拔龟兹都城以下总共七百余城,俘虏了龟兹国王和大相。大唐的影响力远及于阗,于阗王也随军入朝。当时,焉耆、龟兹、于阗都在唐的有效控制下,西突厥势力也不得已向唐朝服属。

但西突厥势力仍时有反叛。唐高宗显庆二年(657),唐才扼制了西域地区的最大敌对势力——西突厥。于是,安西都护府也在显庆三年(658)从西州交河城迁到龟兹都城,隶龟兹、于阗、焉耆、疏勒四镇,并在天山南北、葱岭东西广泛设置羁縻州、府，在西域建立起军政两套统治体制。

唐高宗时，唐在西域以及河陇的统治秩序曾经受到吐蕃的严重挑战。吐蕃军队曾在麟德二年（665）侵袭疏勒、于阗诸地，唐朝派西州都督崔知辩和左武卫将军曹继叔，率领以西州府兵为主力的部队救援于阗，并取得了胜利。

咸亨元年（670），吐蕃在西突厥余部阿史那都支和李遮匐的支援下，一举攻陷西域十八州。唐罢龟兹、于阗、焉耆、疏勒四镇，把安西都护府撤回西州。咸亨四年（673），萧嗣业率领西州等地的府兵讨伐弓月和疏勒，取得了胜利，两国国王请降。到上元二年（675），唐已经基本恢复了在塔里木盆地的统治。

武则天执政初期，东突厥在漠北复兴，南下侵扰。而吐蕃第三次进占安西四镇。到689年，唐朝的势力再次退回西州——在唐朝三次失去安西四镇时，安西都护府都是在西州的。直至692年，进攻吐蕃才取得胜利，重新收复失地，设立龟兹、于阗、疏勒、碎叶四镇，安西都护府在龟兹重新设立。在此之后，吐鲁番地区一派升平景象。

安史之乱爆发后，唐朝把河西、陇右、安西、北庭所属劲旅全都抽回中原。吐蕃乘唐军主力入援内地，陆续占领了陇右、河西各州县，在向东发展的同时，也大踏步地向着西

## 第二章 金银铜币汇高昌

域挺进。在三十余年的时间里，吐鲁番地区虽与中央偶尔还有一些使者的往来，但实际上的联系却被吐蕃隔断了。而到了贞元八年（792），西州也陷于吐蕃之手。至此，唐朝在西域的统治彻底崩溃，大唐西州的历史阶段也告终结。

总而言之，魏晋以降，高昌地区政治形势复杂，前凉、西凉、北凉、柔然、高车等政权势力相继或交替控制着这一地区，而嚈哒、吐谷浑势力于此亦深有影响。柔然势衰，突厥继起，高昌仍臣服于游牧民族。后虽有隋一统，然势力所及，不过鄯善。当此之时，高昌虽与隋朝和亲，亦唯突厥马首是瞻。到唐朝开拓西域，侯君集一举降服高昌，中原朝廷才置西州，政治形势得趋稳定，但亦有吐蕃势力的影响。及至安史之乱后，吐蕃、回纥争雄西域，那就又是另一局面了。

吐鲁番地区四百年的货币关系史，就是在上述这种错综复杂的形势下展开的。如果读者有兴趣，读我本章下面的文字时，不妨比照着这样的政治史读，或许自己就能得出一些结论来；如果没兴趣，那就不管它好了。

## 毯居然可以当货币

白居易《红线毯》诗吟诵道:"宣城太守知不知？一丈毯，千两丝。地不知寒人要暖，少夺人衣作地衣。"这里的地衣就是地毯，地毯一般是毛织品，但宣城向朝廷进贡的地毯竟然要用丝织成，难怪宣城太守白居易要用自嘲的方式发泄强烈的不满了。

在20世纪初期，各国的探险家纷纷来到中国的西北探险。其中英国的斯坦因名气很大，因为他最先来到敦煌莫高窟，并从那里弄走了大量的敦煌文书——而大家知道，20世纪考古发掘的两大为世人瞩目的成就中，就有一项是敦煌文书的出土。1914年，他第三次来中国"探险"，在楼兰遗址附近的汉墓中发现了本地制造或是从极西的中亚地方输入的毛织品。他惊叹道:"精工制造的地毯残片所显示的风格，丝毫不错是希腊式的！"这是中西文化交流的一个事实，但他

**新疆汉墓出土地毯**

肯定难以想象,在这些地毯出现于东汉的若干年以后,吐鲁番的毛毯居然可以当货币使用。而现在已知的毛毯当货币用的年代大致在367年至481年间。

我把毯作为货币用的年代精确到年份,是因为在吐鲁番出土文书中,有这样一件卖驼券,它是这样写的:"升平十一年四月十五日,王念以兹驼卖与朱越,还得嘉驼,不相赇移,左来右去,二主各了。若还悔者,罚毯十张供献。"它是我们现在知道的有纪年的最早的一份吐鲁番文书,时间就在367年。(读读文字,"兹",就是此;"赇",是增益的意思。)整张契券的意思是说,王念的这头骆驼即使有毛病,但既然已经卖给了朱越,那么这头骆驼也就是朱越的了,以后即使它是"嘉驼"——足力甚健的好骆驼,卖家王念也不许反悔、不许干涉了。当然,买家朱越也一样,也不能反悔。王朱二人,"若还悔者,罚毯十张供献"!这里,似乎并没有太明确毯的地位,但从"若还悔者,罚毯十张供献"这样的成约用语来看,毯似乎有作为等价物的可能性。

读读下面的一些文书,可以说,这样的结论是不可动摇的。比如有这样一份租赁文书,说的是418年的事。其文载"建初十四年二月二十八日,严福愿从阚金得赁叁簿蚕桑,贾(价)交与毯若干"。农历的二月底,正是蚕种孵化、桑树萌芽之时。三月晚春,蚕桑始生,皇后亲自敷桑叶于苑中的蚕室,养蚕千簿以上,为取得蚕茧生产的大丰收,还要以中牢羊豕祠祝天下。严福愿向阚金得租赁能养三张蚕种的桑叶,可以说这时候连蚕茧的影都没有,是要冒点风险的。严氏显然有赌一把的心态——现在采桑养蚕,早早晚晚大约要辛苦一个月左右的时间,经过蚕的五眠就能采茧了,如果年成好,这就是一桩用时既少,收益又颇高的好营生。但假如年成不好呢?特别是当蚕要上山而桑叶不足时,那真是会前功尽弃,功亏一篑的。现在当然不用理会严氏的最终盈亏,不必为古人担忧,但可注意的是,这位严福愿支付的就是若干毛毯——桑叶尚未到手,毛毯却已先付,这不正说明毛毯在此时此地具有一般等价物的支付功能吗?毛毯作为支付手段中的一般等价物,在此处可以说表现得相当充分。可惜毛毯的数量残缺了,否则,我们就又能做一份比较账目了,就像之前做过的葡萄的种植一样。但毛毯作为一般等价物,已经活生生地显现在了我们面前。

在官府的收入中也有毯。比如,有一份留存有418年"罚毯贰拾贰张入官"这样的字样的文书,说明这时老百姓以毛毯作为支付手段向官府交纳罚款。

而毯还有价值功能的作用。423年的一天,有一个和尚惠普,也不知道是什么原因,借了人家的五张毯,当时他写下

吐鲁番洋海出土红蓝菱格地毯,我想,它当年应该当钞票用的吧?
(新疆社科院 贾应逸摄)

了一张借条，说明来年还毯若干。大家试想，借了毛毯，还有一定的数量，该不会是惠普和尚为过冬而准备的吧——五张毛毯，应该是当钱来使用的。

毯可当货币，我们还能从寺院的一份"赏格"中看出。"赏格"就是悬赏的布告。这份"赏格"说的是寺院中的一个奴隶逃跑了，如果有人能捕获送还，则可得"募毯十张"，在悬赏金额之下，还有一段话："得者将诣唐司马祠收检受募，不负言誓也。"原来，这个寺院叫唐司马祠（祠就是寺庙）。既然是唐司马祠，则似乎还和官员个人有关系，这个我们就不管了，但那毛毯十张，可不明显就是大洋嘛？

再往下数的话，毯在这个时期的吐鲁番还有价值尺度的功能。它曾与一桩官司联系在一起，我们把这件官司记录在下面：有一个叫"相"的人，在官府的听证会上具了"辞"——"辞"这种向官方报告的文书形式是古代普通老百姓用的。他说，玄始十二年（423）正月，他去催促一个叫公乘艾的人缴纳枣直毯。到了艾家，艾随即带着六张毯一起到南门前，碰到了杜庆，艾与相就在那里将毯交给了杜庆。事实就是这样，我如实具辞，听由官府处分。

此案宗的当事人有三个：一个是作为"辞具"证人的"相"，一个是交纳"枣直毯"的"公乘艾"，还有一个是收纳了"枣直毯"的"杜庆";案由则是这六张"枣直毯"到底在谁的手上。这重公案真相到底如何,我们已经搞不清楚了。以二票对一票的情况来看,或许是杜庆贪没了,但也不一定,假若是相与公乘艾做弊诬陷好人呢?不过,我们眼中只看到毯作为枣子价值的确切事实:"赍毯六张",以充枣直。这样的毛毯不是就有了一种价值尺度的功能吗?

尤其值得注意的是时至482年左右,即阚氏高昌时期,毛毯还是作为交换手段出现在吐鲁番文书中。这份文书有点残,它是一份官方的"传供帐"。大约相当于现今的现金实物支出登录账簿,其中载有"毯六张半,付索寅义,买厚绢供□□",又有"用毯六张,买沽缋"等字样,数量、经手人、用途,一应俱全。这就使我们明白,毛毯是交换的手段,它是用来"买厚绢"、"买沽缋"的,尽管现在不知沽缋为何物。更引人注目的是,这里竟然出现了半张毛毯的规格。有些东西是可以分割的,有些则不行,比如半把剪刀,分割后它还能发挥它的剪切作用吗?半张毯固然与半把剪刀有所不同,或许还可取暖,还可装饰铺陈地面,但用半张毯"买厚绢",若非作交换手段,还是会给人以奇怪的感觉,何况又是财大气粗的官府的支出,这样的记载则更有力地说明毛毯就是当时的货币。

当然，这样的毯也是本地出产的。在一份文书中，就有毯一张"自出"的记载，自出就是自己生产的。非但是吐鲁番地区，甚至在整个河西陇右地区，大约也有用毛毯作为一般等价物的情况。《晋书·张轨传》在提到，西晋末年，京师饥馑，凉州刺史张轨曾向朝廷"献马五百匹，毯布三万匹"——实际上，毛毯也和其他的一般等价物一样，具有两重性，它既有交换价值，又有使用价值，但因为"饥馑"而献，总反映了毛毯在这个时代的河西地区是可以用作通货的。而玄奘西行，路过高昌，高昌王馈赠大量货物，其中就有裘毯。其时毛毯虽已退出一般等价物的行列，但在我们所叙述的年代里，毛毯应该发挥了通货的功能。

吐鲁番地区地处绿洲，照理应无大牧场，如此便也少毛织品，而其毯之出处或许与游牧民族有关。但当时的中原人对此并不是太了解，于是，史籍上便有"国中羊马牧在隐僻处以避寇，非贵人不知其处"这样的记载了——只有贵人知道，一般的人不知道。正规的史籍中也有这样的记载，真是天晓得！

# 东来的大绢西向的锦，龟兹的样式高昌造

高昌童谣唱道："东来的大绢西向的锦，龟兹的样式高昌造。"——开个玩笑，是我生造的。毛毯作为一般等价物，在吐鲁番地区行用百余年以后，却在482年以后便戛然而止，不再行用了，它的通货地位为众多的丝麻棉织品所取代。而这众多的各色纺织品，即使是在毯为主要的一般等价物的时候，也是并行不悖地充当着实物等价物。我们先来看丝织品。

丝织品作为实物货币在使用着时，当然离不开当地蚕桑丝织业的发展。中原的蚕桑和丝织技术很早就在葱岭以东的新疆地区推广了。现在我们知道的是，斯坦因于20世纪初曾在罗布泊附近发现了4世纪以前的桑树，说明当时人们就已经植桑养蚕了。而在考古挖掘的过程中，他还在新疆发现了一块画板。他非常惊奇地提到：板画中央有一盛装贵妇人坐着，她雍容富贵，头戴高帽，有年轻女子跪于两旁；画板的

一边有一篮子，似乎盛满了东西，而另一边还有一多面形的物体；左边的侍女左手指着贵妇人的帽子，似乎想要向人们说些什么。斯坦因说，他起初实在不知道这画到底是什么意思，待到后来读到了玄奘《大唐西域记》，才恍然大悟，原来这就是于阗国王娶东国公主而得到蚕种桑籽的故事：那侍女正向人们揭示着谜底呢，谜底就在帽子中——东国人当时禁止蚕种出口，公主嫁到于阗，遂将蚕种桑籽等藏于帽中带入西域。于是，篮中之物正是蚕茧，另一边的东西就是纺车了。一旦读通，其乐也融融！

美妙的故事人人爱听，藏文的《于阗国史》也记载了同样的故事。这个古老动人的故事说明内地汉族人民发明养蚕缫丝的技术很早就已传入新疆塔里木盆地。之后，又通过这里传到西亚和欧洲。当年玄奘在于阗王城东南五六里的地方，拜谒过麻射僧伽蓝。这个寺庙，就是为纪念东国公主建立的。这充分说明，因她的计谋造福了于阗，于阗国已将她奉为神明来祭祀了——人们总是惦记着为他们造福祉的好人。

再往西向看，五六世纪时，波斯便已有了丝织业，南朝萧梁普通元年（520），在今中亚地区的滑国（呎哒）进贡物中就有"波斯锦"。现在看来，波斯锦的花纹图案有它独特的风格，它最典型的设计特色是具团窠簇四、簇二骨架的联珠动物纹。而在吐鲁番等地出土的大量联珠纹织锦——其时代大致在 6 世纪中叶至 8 世纪中叶，联珠纹中的动物主题就有狮、象、鸭、鹰、天马、羚羊、骆驼和野猪等。这些织锦，实际上只有少数是外来产品，大多数是本地或中原的产品。

以此而言，当年高昌丝织业颇为发达，从上节严福愿个人养蚕三张的经营规模看，应该是很不小的——我当年下乡，一个生产队 40 户人家 120 口人，最多的那一年也不过养了 22 张蚕种。以此类推，可以想见高昌当时的丝织业水平。

我们索性把北朝时期的"胡王联珠纹锦"也在这里做一个介绍，因它太有特色，并且与我们要述说的主题有些关系。藏于新疆维吾尔自治区博物馆的这块"胡王联珠纹锦"是在 1964 年吐鲁番的阿斯塔那 18 号墓出土的，并不大，长仅 13 厘米，宽不过 14 厘米，但极有特色。它以黄色为底，用红、绿等色经线显花，而最引人注目的图案是在联珠纹圈内，织有正、倒相对的两组"执鞭牵驼图"，一个身穿紧袖束腰长衣的牵驼胡人，手执短鞭，正牵着一匹双峰骆驼，行进在清澈的溪水之中，驼峰间铺有花毯，人、驼之间织有"胡王"二字。如果我们动用丰富的想像力做一些发挥，则汉字胡王、联珠纹饰、沙漠之舟合在一起，鲜明地象征着中西文化的交流和汇聚，它的代表意义难道不令人心动吗？

**吐鲁番出土的胡王联珠纹锦（新疆维吾尔自治区博物馆藏）**

　　介绍了这么一些，扯远了，拉回来吧，我们要介绍三件契约文书了。这三件文书都与一个叫翟绍远的土豪相关，并且都与锦即丝织品作为货币相关——第一件的主要内容是这样的："承平五年，岁次丙戌，正月八日，道人法安、弟阿奴，从翟绍远举高昌所作黄地丘兹中锦一张，绵经绵纬，长九尺五寸，广四尺五寸。要到前年二月三十日，偿锦一张半，若过期不偿，月生行布三张（丈？）。"这是447年的事。"举"就是举借，要付利息的；"前年"就是明年。看看当时的文化水平如何，一张契约都说得那么有滋有味，那么诗情画意，四字一顿，颇有王羲之"永和九年，岁在癸丑，暮春之初"的风范吧？

而它的样式是龟兹的，制造是高昌的，规格是"黄地"的。而这"黄地"，又恰与"胡王联珠纹锦"以"黄底为色"相映成趣。"绵经绵纬"呢，当然与纺丝绵织锦缎的方法相关。史籍记载，当地的人们信仰佛教，于是便"遵守佛戒，不愿杀生"，待到"蚕蛾出尽，乃得治蚕"，也就是说这里与中原的治蚕方法是不一样的：中原法为煮茧抽丝（当然双宫茧是抽不成丝的），纺丝成绢；高昌法则待蛹成蛾（这时你想抽也抽不成了），掰茧而纺绵成锦了。我相信当时当地的技术应该是这样的，但非常怀疑这完全是佛法的原因，若果真如此，为何还喝酒吃肉呢？酒是葡萄酒，肉是牛羊肉。但我们更关心的是"龟兹样式高昌造"的黄地锦一般等价物的功能，这应该就是一份高利贷的契约，月利率约为3.6%，与现在中国民间小企业私家募集资金的利率相仿，高得不是太离谱。

第二件也是这样的契约，时间与第一件隔了6年，在454年，它是这样子的："义熙五年甲午岁四月四日，道人弘度从翟绍远举西向白地锦半张，长四尺，广四尺，要到十月三十日还偿锦半张，即交与锦，生布八纵一匹，若过期不偿，一月生布壹丈。"

  前一件是龟兹样式高昌造的黄地锦，这件虽然没有前一件说得明白，但关键的东西还在，它是"西向白地锦"，什么是"西向"，西向就是从西而来，正因为它是从西向而来的，尺寸规格与高昌造是不同的。高利贷的利率关系到八纵布，则无可比性。但从这里可以知晓：丝织品作为一般等价物，不单单是高昌本地制造的，就是"西向"的"白地锦"，也可以的。

  第三件契约不是高利贷，而是奴婢买卖券，时间恰好在前面两件中间的450年："承平八年，岁次己丑，九月二十三日，翟绍远从石阿奴买婢壹人，字绍女，年二十五，交与丘兹锦三张半，价即毕，人即付……券成之后，各不得反悔，悔者罚丘兹锦七张入不悔者。"

  这里的龟兹锦为龟兹样式高昌产还是"西向"的都没有说明，但它的好处是记载了三张半的"丘兹锦"是"价即毕，人即付"的"价"，撇开人口贩卖不说，可以看到的是：龟兹锦是一种货币！值得注意的还有一点，我只提个头，不再做猜想了，即第一件中的"弟阿奴"与第三件中的"石阿奴"是同一个人吗，姓石意味着什么，他借锦的目的又是什么呢？当然，我想，奴婢"绍女"的名字也是改过了的，翟绍远的女儿？……您就浮想联翩吧！

高昌生产的龟兹锦、"西向白地锦"，还有不知产地的"丘兹锦"都成为了实物货币，那么东来的即从中原而来的丝织品在货币关系上又处于什么样的地位呢？告诉你吧，也一样的。比如北凉玄始十二年（423）有一个叫翟定的人雇人种庄稼，支付的报酬就是大绢，而这种抽丝纺成的大绢应该就是从东而来的，也就是说大绢等丝织品都是一般等价物，难道不是吗？

## 作为一般等价物的布叠

毯退出了货币的舞台,如上所述,丝织品也作为一般等价物位列其中,赫然登场而更有地位的则是布叠——这样的情况可以说一直延续到 560 年左右。

上节所举翟绍远的三件契券,我们不但看到了锦作为一般等价物的现象,更应注意到作为违约罚条的"若过期不偿,月生行布三丈"、"一月生布壹丈",以及作为利息的"生布八纵一匹"的布。因为本时期的主要通货已从毯转变为布叠了。

行布、八纵布,都是较为精良的布叠。在麹氏高昌时期的随葬衣物疏中,就有"行布叠一千匹""世行布叠"若干,及"故布叠二百匹"的记录。这样的记录不必当真,就像近年来的丧葬品中什么时尚玩什么一样:以前有纸扎的电视机,现在则升级为房屋乃至别墅了,或许还有苹果手机呢,它反映的是人们追求富贵的愿望。

**新疆民丰出土的东汉时期棉布**

　　什么是行布、八纵布呢？纵在这里是纺织经纬线的多寡。西汉时，贵人穿丝绸，而规定"徒隶衣七緵布"，汉高祖刘邦为重农抑商，还规定过商人不得穿丝绸呢。七緵布就是一种较粗的布，徒隶穿的，一緵80缕，七緵则是560缕。到唐朝，这种七緵布更名为七升布了。当然，这里的布可不是棉布，而是麻布，棉花要在元明朝才大行于中原。这八纵布呢，纵的读音在现代与緵相似，在古代或许相同。但它们显然是同一种东西，那么它应该就有640缕，它是一种比七緵更为精良的布了。中国人讲中庸，不上不下，不精不粗就得中，于是所行的也就是八纵布，也就是行布。如果以"世行布叠"简称，它就是行布；如果以缥之多寡而言，它就是八纵布了。两者实在是名异而实同，但我们要分辨清楚的是，吐鲁番的布叠应该是棉布，或者棉麻混纺织品。

当时的吐鲁番产麻应无问题，麴氏高昌"传供帐"中就有"康愿问传麻一绠，用系练"的记载，而文献中则说到麴氏高昌"税则计田输银，无者输麻布"。"计田输银"留待后面再说，"无者输麻布"，就可以认为麻布是银钱的替代物，也就是货币。

叠就是棉花。中国的棉花也是外来的，原生的棉花最初在非洲，而栽培最早的地区据说是印度次大陆。网上说，中国第一大产棉国地位将终结，2014年或被印度超越，也是由来有自呵。棉花传入中国的路径大致有两条：一为南，一为北。南传者或经缅甸传入云南，或经越南传入海南岛和两广，再向中原发展；北传者经西亚、中亚而传入新疆，再向中原发展。吐鲁番地区的植棉，不用我说大家也知道，它肯定走的是北线。

史籍记载说，高昌多有草木，这种草木的果实像蚕茧一样，茧中的丝如同"细纩"，当地人把它叫作"白叠子"，高昌国人把它织成布，"布甚软白，交市用焉"。脱胶以后的麻

第二章 金银铜币汇高昌

**棉田**

缕为纑。看起来，当时中原人氏对棉花果实的理解比起当年希腊罗马人认为丝绸是从树丛中采摘的丝线或森林中所产之羊毛织成的观念是大大地进步了，而东汉时的人们还以为高昌向朝廷贡献的白叠布是高昌妇女以"婆罗树皮"绩造的呢。"婆罗树皮"绩造这样的话倒是反映了高昌白叠来自印度的信息：婆罗树是印度极普通的树，鼎鼎大名的释迦牟尼就是在此树之下证悟的。但棉布在中原实在是稀罕之物，珍贵得很，晋朝的法令中就有"士卒百工毋得服越叠"这样的禁令，恰好与"徒隶衣七緵布"之规定相反而相成。这里虽是越叠，但"充职供"的高昌的白叠应当更加珍贵。

由于布叠在科技生活史上的地位，它在吐鲁番的这一段历史时期中，也就成了主要的通货——这软白的棉布不是"交市用焉"的吗？

布叠又称㲲或㲲布，它既有交换功能，又有支付功能，充当了一般等价物。阚氏高昌时，大约在482年左右，高昌官员的"传供帐"中就有"出㲲二匹，付口富买肉"这样的记载。

不仅买肉用上了㲲，布叠也用来买卖土地。一份麴氏高昌章和十一年（541）的买田券中，就记载了有佚名人从左佛得那里买进薄田五亩的事实，他向左支付的也是布叠。

布叠既然为一般等价物，那么它充当信贷货币也极为自然。有一份高昌和平元年（551）的借贷叠锦券，有些残缺了，而大体内容还看得清：这年的三月二日，借方向贷方取得"中行叠六十匹"，约定到八月三十日还付"中行叠九十匹"。借贷的数量竟达60匹，而以月息计，达到8.3%，其信贷规模之大，利率之高，令人吃惊。

当然，此券中还另有一笔是借贷"柏树叶锦四十尺"，到期还付六丈的账。柏树叶锦为何种图案我不知道，从何而来也不知道，放下不提，而锦为一般等价物在上节已经说过，也就不再重提了。

## 铜银钱粉墨登场,但是且慢……

我不能总是"挂羊头卖狗肉",铜钱银钱也该登场了吧?但是还得等一等,不到火候不揭锅嘛。

前三节中讲的都是纺织品,我把这段历史时期总称为纺织品本位货币时期。即使如此,在此一时期,西亚的银钱和中原的铜钱也间或在吐鲁番出土的文书中出现,而在文献记载中,又有4世纪初索辅的一段话。索辅是前凉官府金融机构的普通干部,他看到当时河西地区的交易全不用汉武帝以来行用的五铢钱,而倒退到"裂匹以为段数",即以纺织品为货币的状况时,认为有两大毛病:一是纺织品既经割裂,便失去它的使用价值,导致了妇女劳动力的浪费;二是割裂的纺织品也难以作为通货在市场上交易。他认为,这种状况产生的原因在于中原战乱,而河西地区则稍为安定。于是,他向当权者张轨建议"宜复五铢,以济通变之会"。很好很好,张轨听从了索辅的建议,"立制,准布用钱",结果是"钱遂大行,人赖其利"。

如果照这样的说法,河西地区当然也包括了高昌,在4世纪初曾经"大行"五铢钱,但索、张二人似乎都忘了,良好愿望是要有经济基础的,经济运行自有它的一套规律,光是行政命令并不管用的。

五铢钱

龟兹五铢钱

高昌吉利钱

## 第二章　金银铜币汇高昌

在吐鲁番所看到的铜钱名目首见于吕光破龟兹的384年左右，它在一份佚名随葬衣物疏中出现：其一称"铜钱二枚"，其二称"手中铜钱二枚"——这当然是实物，犹如古人死去口中含玉是一种习俗文化一样，这两枚铜钱显然也起着这样的作用，由此可见，当时的铜钱是珍贵如玉啊。相隔五十余年，即阚爽当太守期内的437年左右，我又看到一件随葬衣物疏，其中载有"铜钱自副"这样的文字。什么是"自副"？"自副"就是随心所欲，你想要多少就给多少，这未免太慷慨了吧。当然从这里都得不出在这段时间内吐鲁番"大行"铜钱的依据。更奇怪的是，在吐鲁番出土文书中，我们竟然看不到铜钱行用的痕迹！

实际上，张轨所立的法令，也是"准布用钱"，即法定的货币还是"布"，即纺织品。钱是要"准布"才能行用的。

如果考虑到铜钱的来源，"钱遂大行"，必须要有充足的来源作补充，否则，虽可维系一时，终必不能长久稳定。观十六国南北朝时期之中原，战乱频仍，钱荒日甚，作为铸钱基地之中原尚且罕用铜钱，地处西北一隅之河西及高昌自无铜钱之可用——这又是一种皮毛关系了。如果说到河西自铸铜钱，也须有稳定的政治形势，而前凉以后，河西及高昌政权转移频繁，所以，这样的可能性是不存在的。铜钱进入市场还得等待时机。

银钱在吐鲁番的行用比起铜钱来稍好一些,但如果说它在这样的时段已经粉墨登场了,那还为时过早。在吐鲁番高昌古城中,在高昌的阿斯坦那墓穴里,前前后后出土了大量的波斯萨珊王朝的银币,但在 4 世纪末到 5 世纪这段时间中,仅有 32 枚。

如果再看出土文书,随葬衣物疏中往往记有"黄金千斤""白银百斤"这样的字眼。当然,这也许是荒诞不稽的,完全是死者家属的一种虚构,要我看,实际上就是打肿脸充胖子的心理在作祟。

而在纺织品本位时期看到的众多货币关系文书中,有毯、布叠、锦绢等,但偏偏没有一件是用银钱作交易的。我不得不说,银钱的使用还没有提到议事日程上来呢。于是,此处就要想一想,这是为什么呢?

当高昌地区被各种势力交替控制、影响的时候,必

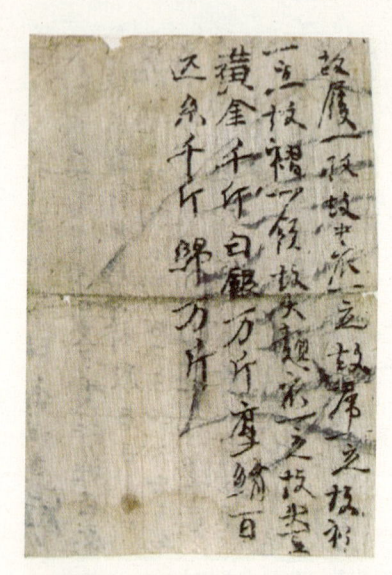

**吐鲁番出土"黄金千斤白银万斤"文书**

须特别注意哒哒、柔然、吐谷浑之间以及它们与中原包括河西、江南这种广泛意义上的中原各政权、波斯萨珊王朝的关系。银钱的流通仰仗于丝绸之路的畅通，而这条通道无论在哪个环节上出现故障，都会使处于交通要道上的高昌受到影响。

高昌与敦煌、焉耆、鄯善、伊吾相邻。根据此一时代出土银币的分布及其入土时间，得出的结论应该是，在4世纪末至7世纪，西宁处于交通的孔道上，在5世纪时，它的重要性不下于河西走廊。据史籍记载，553年时，吐谷浑王遣使与北齐交通，北周与北齐是对头，又受到经济利益的驱使，于是当北周的凉州刺史知道了这一信息后，便派出军队在凉州城西进行袭击，俘获吐谷浑使团的官员、将军以及"商胡二百四十人，驼骡六百头，杂彩丝绢以万计"。这条史料也是蛮有研究意义的——周边民族奉中原之正朔，有大量的"朝贡"啊，"贡献"啊，实际上还含有巨大的经济利益。吐谷浑出使北齐，有如此庞大的商胡队伍，又有武装保护，正说明了这一点。但此队伍不走河西走廊，即说明西宁地位的重要，而中国古代兵匪一家的特色亦昭然在目。

从西宁往西域，必经鄯善，鄯善再往西去呢？一道可沿昆仑山北麓而至于阗；一道则沿天山南麓而行。鄯善当然也能到高昌，但亦有不经高昌而直达焉耆的"大碛路"。399年，

《胡商遇盗图》，敦煌壁画

自长安西游天竺的法显和尚就是经由鄯善再西北行十五日到焉耆国的，他没有过高昌；422年沮渠无讳从鄯善伐高昌，也是先到焉耆，再"从焉耆东北趣高昌"的。这条路线是如此重要，以至于引起焉耆、高昌之间的长期积怨而爆发战争。贞观六年（632），西域的突骑支部族遣使进贡唐王朝，同时又请求重开大碛路。唐太宗乐于其成，同意其请求。这条路，自隋末以来就已经长久不开通了，西域进贡都从高昌东行。而大碛路的开通妨碍了高昌的利益，因此，高昌与焉耆结下了梁子，待到矛盾总爆发，便发兵袭击了焉耆。

倘若把上述围绕着吐谷浑路与大碛路的各类事件有机地联系起来，就不难发现，这是高昌银币流通不畅而不得不采取纺织品本位的一个重要原因。

还得说一点，在367年到560年的近两百年时间内，应该是一个十分"寒冷"的年代，毛毯布叠居然都成为了货币，而作为一般等价物，还有绢、锦等，无论哪一样都是可以御寒的。但这真是寒冷的年代吗？亦或是巧合？

根据我就职学校的老校长竺可桢先生当年的研究，东汉时代，即公元之初，中国的天气有趋于寒冷的趋势，曾经有过数次严寒的冬天，当时的洛阳晚春还降霜雪呢。这种寒冷继续下来，直到3世纪后半叶，特别是280到289年这十年间达到顶点。当时每年旧历四月还降霜，估计那时的年平均温度比现在低1—2摄氏度。到南北朝（420—589），也就是本书所记述的这个时段，南京覆舟山筑有冰房，是用以保存食物新鲜的——那时南京的冬天应比现在要冷2摄氏度，才能提供储藏需用的冰块。约在533到544年间出版的农书《齐民要术》记载，当时黄河以北阳历4月中旬杏花盛开，5月初旬桑树生叶，与现在相比约迟了两周到四周。

6世纪上半叶比现在要冷。莫非正是寒冷的天气导致了纺织品成为货币？然而在当时男耕女织的条件下，除了粮食、纺织品之外，也没有什么其他的东西适合交换了。

# 银钱流行犹如水银泻地

大量的银币取代前期之纺织品而拥有货币本位地位是在麴氏高昌中后期,即561至640年之间。

现在所能看到的年代相关最早的吐鲁番文书当推574年的《高昌条例出臧钱残奏》。奏文的确很残,所以关于这件文书的性质也有"苛捐杂税"、"商胡之税"的说法。但我认为,它其实就是官府依赃断罪,征收罚款以抵罪的上报材料。臧就是赃,臧钱就是因赃而平定(评定)物价,这在古代的法律文献中是很常见的一种概念。奏文中有"提婆锦一匹"、"平钱五十余文"、"红锦二匹平钱九十文"的字样,这里的钱是金,是银,还是铜钱呢?

锦之为物,依古代的字书介绍,"其价如金",唯"尊者得服之"。如果本件文书中的钱是铜钱,那么,比照唐代丝织品一匹动辄三五百文以上的价格来说,未免低得荒唐了,而如果是金钱,则高了些。以此而言,我认定它大概是银钱。

以此为始,一发而不可收,可以看到大量的银钱使用现象都出现在出土文书中了。比如在麴氏高昌重光元年(620)之前,高昌官府"买铁供用帐"中,就有"钱肆文,用买镬铁肆斤"、"钱叁文,用买镬铁叁斤"、"钱肆文,用买调铁壹斤伍两"等,这里的钱就是银钱。

同墓出土的《高昌作头张庆祐等偷丁谷寺物平钱帐》,还与平钱定赃之盗贼官司有关,甚妙。这件文书的编者菩萨心肠,把"偷"注解为"输","偷"字是错别字——错了错了,不是错别字,我以为偷就是偷,文中"平钱"的概念就说明了一切问题,咱们可不玩"窃书能算偷么"那一套。慈悲为怀,固然有关世道人心,若以恶为善,岂非为虎作伥了不成!那么就由我来还历史真面目吧,它就是一个偷字——不单因为它与银钱有关,还因为它特别有趣,所以一定要抄下,以见当年偷儿技能:

高宁人张庆祐作头,独偷丁谷寺六纵叠五匹,匹平钱十二文;大镬二口,口平钱□□,羊肉三脚,平钱二文。又□,张庆祐子作头,道人□□、高昌解阿善儿二人作从,三人合偷丁谷牛壹头,平钱十文；马付一头，平钱五文；小麦□□□□，叠被一，平钱八文。叠□，张庆祐子作头，田地□□□作从，二人合偷丁谷寺□□奴绁二匹半，匹平钱□□；柒纵叠三匹，匹平钱□□；八纵布一匹，平钱五文；□□□□，平钱十二文；□□□□□□平钱五文；绁衫一，平钱□文；□□□□平钱十二文；细布裙□□□□文；腰刀三，平钱□□；□□四，平钱二文……

缺字那么多，好像很难读，实际上，主要的意思还是很能明白，就看你有没有这个耐心。"作头"即贼首，几笔案子都是高宁人张庆祐或一人或纠合他人犯下的，他又叫张庆祐子；"作从"即从犯，有道人某、解阿善儿、田地某某等；他们的地位约略与鲁迅先生笔下在鲁镇当偷儿时的阿Q相当；"平钱"就是将所偷之物折价成银钱。文书中还有六纵七纵八纵，好像野战军千军万马似的，其实不过偷儿三二人而已。但从这里却看到，此处与当年的景象大不同了——当年锦呀、叠呀、麻呀，可都是一般等价物，而在这里却都平作银钱啦！

银钱既然作为观念上的价值为官方、百姓所接受，那么，

第二章 金银铜币汇高昌

银钱的其他各项货币功能也用不着再说了。我查了《吐鲁番出土文书》的前八册书，在标明574年到640年的文书中，可以确定是银钱的文书达64件，其中除了平钱定赃、官府买卖镶铁调铁外，还有租赁土地、菜园、枣树、屋舍、果园，举贷钱币、买卖马匹、交纳租赋、雇人耕作、贷钱作浆等。以至于文献记载上都说高昌"计田输银钱"，有的还把这种现象扩展到河西，以为"河西诸郡，或用西域金银之钱，而官不禁"。就高昌而言，非但不禁，实际上，银钱根本就是王国的基本货币。至于金币要有大的流通，是要不可能的。这样的状况说明，高昌的货币关系发生了从布叠到银钱的深刻而明显的变化，变化的时间则在560年之际。

如果要说说金银币出土大势，则萨珊银币在中国出土之

**萨珊波斯银币**

丰富令人惊叹，银币从 1915 年第一批出土起到 20 世纪 80 年代，出土总数已达 1200 枚以上，其分布地域，在北方有新疆的乌恰、库车、吐鲁番，青海的西宁，宁夏的固原，陕西的西安、耀县，河南的陕县、洛阳，湖北的安陆，内蒙古的呼和浩特，山西的太原，河北的定县，等等。并且，我们从银币上十二任萨珊国王名字上，可知从 310 至 651 年所铸的所有银币，都曾传到中国。当然，萨珊波斯灭亡后，建于里海南边的萨珊支系王朝的银币也出现在了中国。而在 1989 年，吐鲁番的一位农民在挖土时发现有窖藏银币 100 余枚，那也都是萨珊波斯的。

金币呢，也有一些——我觉得一点都不说金币，就太对不起我们的题目了。东罗马金币及其阿拉伯仿制品也传到中国来了，这些金币的铸造年份在 408 年至 641 年间。在库车、

东罗马帝国马尔西安皇帝金币

## 第二章 金银铜币汇高昌

和田、吐鲁番、西安、呼和浩特、固原及河北的赞皇等地，也出现了19枚。在西安还出土了8世纪前半叶的3枚阿拉伯金币。

那么，原先的布叠及在银钱以后将要出现的铜钱的运行情况如何呢？可以说，铜钱还未成气候，而布叠则气数已尽。铜钱在这一段时间内仅出现了三件文书，这当然与中原到唐朝才铸纪年铜币有关。我想，这里的铜钱大概不会是五铢。而纺织品的等价物之性能，我们只看到一件布麦互贷契约。它说的是，正是农历四月，一个青黄不接的时期，高昌居民良愿相从左舍子那里借得小麦若干，规定到七月麦收以后，须偿还小麦及利息若干，如此等等。而在契约的后面，则是左舍子从良愿相那里贷得八纵布三匹，规定八月内偿还，但没有利息多少的约定。这有些不公平，但没办法。如此看来，这里八纵布只不过是一种抵押品而已，布叠在这个时期恐怕已经不能作为等价物使用了。退一步说，即或八纵布在这里作为等价物出现，但它在银钱本位的汪洋大海中，也不过是些微泡沫，几乎可以忽略不计了。

总之，自560年以后，银钱在高昌地区社会生活的各个领域中，犹如水银泻地，无孔不入，货币的价值尺度、流通手段、支付手段、国际货币的诸种功能表现得淋漓尽致。这是与前一时期截然不同的崭新现象，我们因之把它称为纯粹银钱本位时期。

在560年左右，中原政治格局也起了一些变化。北周于557年取代西魏，陈于556年取代梁，这在政治上虽无什么特别的重要性，但记载高昌用银钱交租、布叠交易之事却正在此时。

当然还有一个原因。550年左右，突厥兴起，它约在此时灭柔然。接着，约在560年左右联合波斯萨珊王朝灭㘎哒，并在此后遣使东罗马，挑起东罗马和萨珊王朝的战争。柔然、㘎哒两大势力控制丝绸之路的格局被打破，重视商业利益的突厥独占了交通路线，丝绸之路得以畅通，银钱便也源源不断涌入高昌，冲垮了原先纺织本位的堤防。

我还想说一点的是，既然高昌全用银钱作为货币了，那么，这样的地位就使得高昌王国完全依赖于过境贸易，它的繁荣昌盛与丝绸之路是分不开的。打个不恰当的比方，高昌的地位犹如香港，为一大贸易金融之港。写到这里，我完全理解了上节说过的，焉耆欲开大碛路，高昌便加以攻击的原由了，想想当年唐玄奘到天竺，途经高昌，高昌王麹文泰赠予"黄金一百两，银钱三万，绫及绢五百匹"，那是何等的阔绰呵——若断了财路，割断了生存的生命线，任谁都要拼命的！

## 绢帛铜钱都来凑热闹

唐太宗贞观十四年（640），侯君集克高昌，唐太宗置西州，吐鲁番地区在政治上翻开了崭新的一页，从此，唐朝的政策法令在西州的实施一如内地。但是，银钱的本位地位，却并未因此而改变，吐鲁番地区依仗其特殊的地理位置、特殊的经济地位，使得银钱的"正统"地位持续维持了40年之久——这是一个非常奇特的现象。

从640年到680年，西州民间依然流行银币，买舍赁舍、雇人上烽、租赁土地、买卖马匹、违约罚钱、举贷钱币、租赁葡萄园、礼佛布施等，全用银币。这样看来，西州的社会经济生活中，银钱仍然作为主要的货币流通着。尤其要紧的是，银钱仍然是观念上的价值体现。有一份时间在667年左右的《唐得布准钱帐》，上面记载"得布"若干，"准钱"若干；"□角一具，准钱壹□□"，如此等等——这就是观念上的价值,用来计价的人们,脑子里都是以银钱作为标准。

　　非但民间,就是官府,不但允许民间银钱的流通,它本身也在大量行用银钱,这是有很重大的意义的。此一期间,百姓向官府纳仗身钱——仗身钱是中男服役,不役就交纳代役钱,用的是银钱;官府向百姓征收冰井用的柴草,交纳的也是银钱;官府卖死马,得到的是银钱;官府供应使者,买的面、酱、杂菜、韭、刺柴、酒,还是用银钱!而银钱观念上的价值也被官府用来衡量各种物品的价值。665年之际,有《唐和籴青稞帐》,"钱壹文籴得青稞一斗。绵壹屯准次估值银钱伍文。两屯当练一匹"。看看,和籴本是官方向民间加价收购粮食以供军用之经济活动,而此份文书以绵、练籴青稞,就是以银钱作估价的,银钱的价值尺度为官方所承认自不待言。更早一些,唐贞观十九年(645)有一里正(相当于社区主任)报告说,某物品"壹斤值银钱贰文",更晚一些时候,则有西州市司(市场管理部门)上报"酱二升准次估值银钱壹文"这样的事实。以上事实都说明银钱的确是这一时期内为官方所承认的价值尺度——银钱的本位地位还在维持着。

　　但是也应看到,随着西州和中原交往的加强,绢帛也大量地进入了吐鲁番地区。以官府方面来说,往往有"送帛练

**新疆出土唐代朵花印花绢帛**

使"这样的名目。唐高宗总章二年（669），从沙州（今甘肃敦煌）出发的"送帛练使司马杜雄"，动用官方的传驴传马39头匹，把帛练运往伊州（今新疆哈密），又动用传驴传马80头匹，把帛练运往庭州（今新疆吉木萨尔）。虽然，杜雄未至吐鲁番，但依事理推断，运往西州的帛练也不在少数——唐永淳、垂拱年间（682—688），西州就有"前送帛练使王伯威"，而龙朔年间（662），民间亦雇人为官方运送帛练。中唐诗人张籍回忆起当年丝路繁盛，感慨万千，不禁吟诵出了千古传唱的《凉州词》："边城暮雨雁飞低，芦笋初生渐欲齐。无数铃声遥过碛，应驮白练到安西。"这是真实的写照，西州市场帛练充斥便也不足为奇。

此外，民间的运销量也为数不小，甚至更多。唐高宗麟德年间，大约在665年，京师长安的汉人李绍谨在弓月城（今新疆伊犁）向"身是胡不解汉语"且"客居京师"的昭武九姓人曹禄山之兄长借贷的"绢练"竟达275匹（"禄山"之名使我们想起安禄山。在粟特语中，"禄山"的意思就是战斗神，类似于蒙古语中的巴特尔），以至于官司一直打到西州。此事足以证明当时民间运销绢帛至西州（当然还包括龟兹、弓月诸地）赚取厚利者也是很多的。利之所在，百姓所趋，非但商胡，就是汉人也皆如此。西州市场绢帛充斥便也顺理成章。于是，绢帛作为一般等价物在西州的流通领域中也发挥了不可低估的作用。

绢帛作为一般等价物，多用作奴婢、马驼等大款额的交易，其原因当在它的使用价值不易损毁。唐贞观二十三年（649），西州高昌县卫士范欢进用练买得一匹八岁口之马，同墓出土的还有一件白练买马的记录。第二年，还是这个范欢进，又用练买了一个奴隶。

更可注意的是，又有一位土豪出现了，他叫左憧熹。他买的奴隶，交用了"银钱伍文"，还有"水练陆匹"，可见是银钱与帛练兼用。其时为唐龙朔元年，即661年。此后的多年间，我们看到他出放高利贷、租进葡萄园、在葡萄成熟季节购买整园整园的葡萄酿酒、买奴隶,他还拥有一支庞大的商队,为此还曾预付银钱 40 文买进牧草 90 围等。他是一个十足的土豪,他的高利贷往往是月息一分,即 10%,比五凉沮渠安周时期的土豪翟绍远可狠多了。

这里,关于土豪左憧熹我们还得多说几句。唐高宗麟德二年(665),吐蕃勾结弓月部族偷袭于阗,唐政府在西州组成行军后向西进发,至于阗击退吐蕃。那一年,左憧熹也从西州出发往西而去,随部队行军打仗去了。在这同时,他也不忘他的老本行——赚钱做生意。当时的行军队伍中往往随带商人,在军营中还设置交易场所,当然还有其他人员(所谓的子弟就是其中的一部分)随行,目的在于俘获分赃,这与现在的仁义之师完全是两回事呵。他随身携带的不但有银钱,还有帛练,甚至还有铜钱!呵呵,这个土豪啊,"三位一体"哟。左憧熹就是在这一次行军过程中,记下了他在途中的一笔笔的明细,我看了一下,尽管残缺,还是能看清一些:他到过的地方有口职城、胡乍城、据史德城、"河头"、拨换城、安西等。这些地方具体位置有的已不是太清楚了,据学者说,这应该是左氏从疏勒得胜返回家乡途中的一些地方,其中的据史德城乃龟兹(今库车)最西境,拨换城则是现在新疆的阿克苏,安西或为龟兹,或许就是吐鲁番地区的交河城。他做生意很用心,他用帛练买过马料、麦、羊、米、肉、白毡及毡(似乎是毛织品);他用银钱买过马料、弓弦、草,还有"一脚肉"以改善生活;他也用铜钱买过马料等;当然,他还放高利贷给军官,所放高利贷既有银钱,也有铜钱。这份文书特别有意思,我给它归纳了几点:第一,凡写成"钱"处,虽然没有写出银字,但都是银钱,当然也有写上银字的——这就说明了银钱龙头老大的地位。第二,铜钱呢,都写成了"同钱",它当然是错别字,但我更愿意相信深层次的原因在于这是铜钱地位的一种反映。第三,在其中一笔中,左某人写道"买婢缺练一匹,更用钱若干"。行军打仗还捎带着买奴婢,不太可能是部队的要求吧?肯定是他个人的行为。但我们不说这个,我们要说的是,这钱当然就是银钱,但他先行支付的则是帛练,说明帛练在交易过程中的主导作用。他为讨好军官,还给"校尉买去二匹"练,那校尉用这二匹练买了"何瑠马"。(至于他是否承包了这次行军过程的部队的一些给养,一些经济事务,我也说不清了,反正他就有一支商队。)

　　带着帛练往西而去这样的事实,不得不使我们注意到它在中西交易中的商品货币作用,它的身份是双重的。

　　就在左憧熹记载下这明细的同一年,我们还看到了他的

## 第二章 金银铜币汇高昌

另两份契约。一份是：

> 麟德二年八月十五日，西域道征人赵丑胡于同行人左憧熹边贷取帛练叁匹。其练还到西州拾日内还练使了。到过其月不还，月别依乡法酬生利。延引不还，听拽家财杂物平为本练值。若东西不在，一仰妻儿还偿本练。其练到安西得赐物，只还练两匹，若不得赐，始还练叁匹。两和立契，获指为验。练主左，贷练人赵丑胡，保人白秃子，知见人张轨端，知见人竹秃子。

左憧熹这个老油条居然做无息的甚至是赔本的买卖？我不太相信。他是打赌了，还是发善心了？是另有图谋，还是脑子给驴踢了？是大灰狼扮外婆，还是"醉翁之意不在酒"？1350年以后，我在看到这份东西时真是百思不得其解。看起来，除了经济利益的本能驱使以外，必定还有其他的东西也是须注意的。不仅如此，左憧熹在赚得盆满钵盈，心满意足地带着一个奴婢回到西州之后，还撺掇后去的征行者也带点钱帛，在行军打仗的同时也顺便搞点副业，做点生意。何乐而不为呢？左氏的生意脑袋一点不比今天的人们差。于是就

金钥匙漂流记

有了第二份契约，是这样的：

麟德二年十一月二十四日，前庭府卫士张海欢于左憧熹边贷取银钱肆拾捌文，限至西州十日内还本钱使了。如违限不偿钱，月别拾钱后生利壹文入左。若延引注托不还钱，任左牵掣张家资杂物、口分田桃田，用充钱值取。若张东西没落者，一仰妻儿及收后保人替偿。两和立契，画指为信。同日，白怀洛贷取银贰拾肆文，还日，别陪依上券同。钱主左，贷钱人张海欢，贷钱人白怀洛，保人张欢相，保人张欢德，保人妻郭如连，保人阴欢德。

在这份契约写完以后，又加上了"海欢母替男酬练，若不上，依月生利。大女李台明"。

这是一份活色生香的契约。妻子担保不够，母亲李寡妇（大女在唐朝就是寡妇）也画押了。当张海欢的约定将完未完之时，站在一旁的白氏怀洛也心动了。心动不如行动，或许是白氏胆小，或许是左大官人不放心，于是他只来了半份套餐。但这里是银钱吗？如果是，为什么张海欢的母亲李台明替她儿子担保的却是"练"呢？总而言之，在丝绸之路上，

## 第二章　金银铜币汇高昌

能够看到绢帛比银钱更金贵的事实。

绢帛是大宗物品的一般等价物，我还看到《唐咸亨四年（673）西州前庭府队正杜某买驼契》，因为与昭武九姓相关，也将它录下：

> 咸亨四年十二月十二日，西州前庭府队正杜□□交用练拾肆匹于康国兴生胡康乌破延边买取黄敦驼一头，年十岁。其驼及练即交相付了。若驼有人寒盗认名者，一仰本主及保人酬当，杜悉不知。叁日不食水草，得还本主。待保未集，且立私契，保人集，别市契，两和立契，获指为验。驼主康乌破延，买驼人杜，保人都护人郭，保人同乡人康莫遮，知见人张轨端。

前庭府是西州四个折冲府中的一个，折冲府与现在的人民武装部类似，但要被征发行军打仗，杜某人是折冲府中基层单位的"头儿"。十分明显，骆驼的主人康乌破延为康国兴生胡，即商胡，保人康莫遮为康乌破延同乡，也是康国人，恐怕也是兴生胡。康乌破延从粟特地区而来，以骆驼换"练"，大概是为了追求商业利润吧？

当然，绢帛作为等价物不仅仅是口马交易（注意，在古代的一些文献文书中，口除了牲畜外，还有男女奴隶的含义，即会说话的工具），诸如佃田租价、画师工价、官府和籴、官府付脚钱等都在它的通用范围。比如贞观末年的一份收据"二十三年（649）十二月十二日赵延济送死官马皮肉价练三匹。典张德类领"就是例子。这样的事实，说明了绢帛在社会上的流通。

于是，我们看到，自561年至680年这120年之间，高昌西州的货币以银钱为本位。而在这总的关系下面，从640年唐设西州以后，中原绢帛大量涌进吐鲁番，绢帛便也作为一般等价物行用了，它的货币功能实在不可低估。铜钱则在640年左右也开始来凑热闹了。铜钱，我只在左憧熹这里提了一句，因为下面还专门要讲到铜钱的兴起呢。

# 银钱气息奄奄，铜钱生气勃勃

从 680 年到 710 年的三十年间，银钱虽然仍在西州行用，但它的霸主地位越来越受到铜钱的挑战，可以说是日薄西山，气息奄奄。

明确表明这个时期吐鲁番还在使用银钱的文书，有高昌县的一个小吏张才写的一份总结报告，时间在 687 年，案由是征收"逃走卫士后送庸牒银钱 160 文"。庸是代役的实物或货币，逃走的折冲府的卫士从原则上还得请人代替服役，于是便得有代价，所谓的"庸牒"，但实际收的是银钱。这样的事实就说明，在西州仍有用银钱的现象。而时代稍晚的武则天时期，也有银钱作为通货流行的证据。那是一份西州下属的天山县上报给西州的一份报告，时间在武周天授二年（691），说的是公廨奴已经"烧炭二十车"，结果只送到十八车，于是要再派大车运输，每车的运价是银钱十数文——从天山县到西州的州府所在地高昌县，路程是很长的。

银钱尽管还在使用，但此处必须看到，它的本位地位已在动摇，它渐渐为铜钱所代替的趋势随着时间的推移而日益明显。最能说明这一点的是《武周如意元年（692）里正李黑收领史玄政长行马价抄》："史玄政付长行马价银钱贰文，准铜钱陆拾肆文。如意元年八月十六日里正李黑抄。"

长行马与官府的交通运输及信息传递有关，在此先不说。这件文书太要紧了，引起我注意的有两点：一点是银钱"准铜钱"，说明了银钱的价值尺度功能已经被取代的事实；另一点则是它们之间的比价为1：32，从这样的比价出发，可以发现一些契约中名为铜钱实为银钱的事实，而这样的事实更能证明银钱"准铜钱"的结论。

开元通宝

## 第二章 金银铜币汇高昌

《武周长安三年（703）曹保保举钱契》记载，这年的农历二月二十七日，曹保保与他的母亲向史玄政借高利贷铜钱320文，恰巧为32之倍数，可见此铜钱实为银钱。虽为银钱却以铜钱为名，铜钱的价值尺度功能可见一斑。如果对此还有疑惑，我再举《唐景龙二年（708）西州交河县安乐城宋悉感举钱契》之例来看："景龙贰年四月十七日，交河县安乐城人宋悉感于高昌县人成义边铜钱叁佰贰拾文。至其年八月三十日内陆拾肆文作緤花贰拾斤，陆拾肆文至九月三十日内乌麻高昌平斗中玖斗、钱壹佰玖拾陆文作粟壹斛捌斗，其物至九月三十日内不得，壹罚贰入成义……"

这份契约的书写者算术能力不行，"钱壹佰玖拾陆文"，我重新核对了一下，应该为192文，如果是196文，则总数不是320文了。不过没关系，反正都是用实物还付的，实物数依约定不差就可以了，何况错进不错出，钱主成义狡猾着呢。看看，都是32的倍数，也就是说，写的是铜钱，实际还在用银钱，而铜钱的本体地位应该知晓了。

一个是生气勃勃，一个是气息奄奄。铜钱登堂入室了，吐鲁番货币大殿中的主角已经开始转换了！

实际上，铜钱在高昌西州之交就已有流通。麴氏高昌延寿十四年也就是唐贞观十一年（637），官吏给出的一份收据中有"钱壹文,铜钱拾肆个";一个寺庙交纳账中有"同钱"的记载,且记其单位为"个";还有一份买卖葡萄园的契约,写的竟是"孔钱"——银钱单写"钱",铜钱错成"同",论"个"而不说文,因其孔方便成"孔钱",这些难道不是说明铜钱虽然流通,但仅仅是辅助的吗?上节提到670年之际的银钱、铜钱、绢帛并用,我已经说过这三者的地位了。

回过头再看李黑的收据。史玄政交的是银钱,官府征的则是铜钱,官府的观念在改变中,而这种转变则在680年之际就开始了。我们知道,当永徽年间,中男的仗身钱征的是银钱,但一份官府的报告表明,在调露二年(680)时,仗身钱却征铜钱了。这样的现象说明,时间不过三十年,铜钱地位已然上升。

而在民间,铜钱也作为贮藏手段在行使着它的功能。682年,西州一个叫麹仲行的百姓失窃了,他报了官,官府令坊正赵艺调查此事——坊正与里正同级,唐的基层组织中,里正管行政,坊正管检察,有点片儿警的意思——搜索了麹氏婢女僧香之家(婢女亦有家庭颇使我们惊奇)及比邻,"全无盗物踪迹"。赵艺又讯问僧香,得口供道:"其铜钱、耳珰等在厨下,帔子在一无门房坎上,并不觉被人盗将,亦不敢加诬比邻。"看起来,麹家之铜钱贮藏颇为可观。

第二章　金银铜币汇高昌

　　渐渐地，铜钱的本位地位逐渐稳固起来。以官府而言，武则天时期有"纳铜钱历"即收纳铜钱的账本中还称"铜钱"，而到705年以后的"钱帐"中，便不见其"铜"字了，而其所记数额"二十九贯三百六十文钱，一十贯三百六十文应在"等，也完全是中原的那一套计款方法了。

　　更能说明问题的是吐鲁番地区官吏俸料（工资补贴），也用铜钱了。705年左右，在七月十九日这一天，傔人、别奏（或许是带有吏身份的衙役）等人的"俸料"都用"钱"来发放了。这"铜"字的抹去，意味着它将要取得货币的正统地位了。

　　官府先行，民间跟进。还记得吧，在葡萄篇中，我曾引用过703年严苟仁租种葡萄园五年的契约，那里的租价用的是"铜钱"。而再过几年，在西州高昌县的一份土地纠纷官司中却看到了"北庭府史匡君与堂兄妻阿白钱一千文，充匡君感弟迦吕地价"的记载。这里的"铜"字也失去了踪影。

　　看来，随着西州已经大量行用铜钱的事实的展开，生气勃勃的铜钱完全取代气息奄奄的银钱地位的日子已经不远了。

## 铜钱如钱江潮，澎湃汹涌；
## 绢帛像拍岸涛，风生水起

在西州商业高涨势头下，在吐鲁番的货币王国中，若说铜钱犹如钱江大潮，澎湃汹涌，那么绢帛就像拍岸惊涛，风生水起。而银钱，则无可奈何花落去——从此，人们只能在历史的记忆中慨叹它曾经有过的光辉业绩了。

在上一阶段，即680年到710年间，虽有银钱的流通，但它的本位地位却渐次为铜钱所取代，而自710年以后，似乎再也没有发现银钱的字样了——它真的销声匿迹了。

银钱的消失情况自然和中亚局势有关。自7世纪20年代起，大食兴起，波斯萨珊王朝渐趋衰落，至651年，波斯灭亡，于是，其所铸之银币自然不能维持原来之地位。不过，货币的行用有其延滞性，并且阿拉伯在此以后也仿制过波斯银币。因此，银钱虽在吐鲁番地区还流通了一个时期，但其衰亡趋势已然不可避免。而从705年起，大食的屈底波开始了征服中亚河中地区（即阿姆河、锡尔河流域）的进军。受其影响，从710年以后，银钱似乎不再在西州流通，而铜钱的本位地位的确立便也不可动摇了。

关于铜钱流通，上节已经论述过，这里仅将我看到的一些铜钱的使用情况说一说。时间从开元年间（713—741）开始，其范围大致上有借钱酬马价、丢失钱、交纳钱、家用记账用钱、纳仗身钱、交纳欠钱、于阗寺院支出钱、金满税钱报告、轮台钱帛计会、折冲府帖目中有关钱的内容、交河郡市估案中的以钱为价、佛寺出入钱备忘、纳草料钱、纳税钱等。当然，这里还包含了于阗（今新疆和田）、金满、轮台（此二地都在新疆吉木萨尔），以示铜钱的行用范围。

当然，在铜钱本位时期，绢帛仍然充作一般等价物辅助铜钱行用，它既用在官府充马值，也用来买牛，它既充纸张之价值，也用于"兵赐"，同时也用于民间买马买奴婢等。但是，需要特别要加以说明的是，物品的价值尺度一般却以铜钱来充当。也就是说，虽然绢帛作为货币使用，但往往以铜钱为基准。

这是怎么回事呢？我们知道，绢帛作为货币，本身有着不可克服的矛盾，"布帛不可以尺寸为交易"，说的就是这个

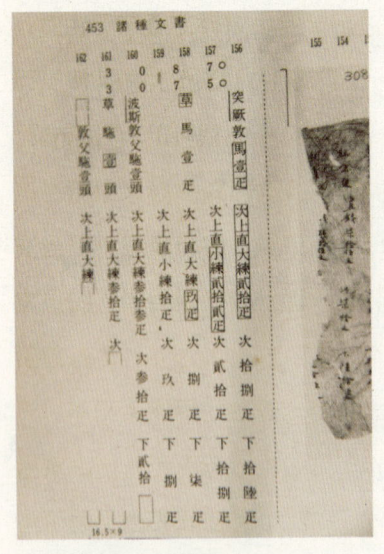

**交河郡（西州）市估案文书**
文书中唯有骆驼马匹用绢帛定估，其他的都用铜钱定估，甚至牛的买卖也用铜钱。

道理。这种价值尺度职能和流通手段职能的分离，使得绢帛作为一般等价物，只有不完全的货币功能。这样，它就要借助于铜钱的价值尺度功能，即以铜钱为媒介来进行交换。

当然，在某种场合，绢帛的价值尺度功能也有所体现。试看唐玄宗天宝二年（743）交河郡市估案中，马驼等就是用大小练标价的。但这里也有一个特殊情况存在，因为在此前的开元二十二年（734），曾经有过一个敕令，规定"自今以后，所有庄宅口马交易，并先用绢布绫罗丝绵等，其余市价一千以上，亦令钱物兼用，违者科罪"。于是才有市估案中现象的出现——这是上层建筑的反作用呀。

从绢帛的不完全的货币功能来看，铜钱的本位地位是不可动摇的。

## 高昌的布叠卷土重来,杀了个回马枪

但是,这种铜钱本位的情况随着政治形势的变化而发生了动摇。看唐玄宗开元年间到唐代宗广德年间,即 713 年到 764 年的五十年间,现在留存的西州高昌县周氏纳税收据,我们就会发现:凡开元天宝年间的赋税,都是依铜钱交纳的;但是到安史之乱以后,情况陡然一变。尽管天宝以后仍间或有征纳铜钱的现象,但大体上则呈现出布叠取代铜钱地位的趋势。也就是说,虽则铜钱的价值尺度还时不时地体现出来,但实际上行用的一般等价物却是布叠了。这是一种还乡团式的"复辟",不由得想起我年轻时候看过电影中的一句台词:"我胡汉三又回来了!"

760 年,这正是中原刀光剑影激烈搏杀的时候,此时西州的人们还在为唐王朝出钱出力。其中周氏等人"付细緤值钱贰仟肆佰五十文",第二年,周氏又交纳了"科户緤价价钱壹仟壹佰文",这件文书还注明出据人是"牒头宋知昚"——唐朝前期的户税,就全国而言,一般用铜钱交纳,这种观念上的货币尽管还用铜钱作数,但已经又用当地的特产布叠交纳了——布叠杀了个回马枪!

我们还看到,周氏的收据中,除了上述760年、761年两件外,其他的无论是纳长行预放布叠,还是番课布叠,没有一件提及铜钱——这就让我们很有想法了。与此相应,叠的单位也发生了变化:在所有纳钱布收据中,除了一件称"匹"外,其他的都称为"段"了。这不单是名称或数量的变化而已,还表明叠已经作为一般等价物在流通了——历史上的布

**西州番课牒**

叠往往是"裂匹以为段数"作货币的。

以上所述表明，尽管此时期铜钱仍然流通，铜钱的价值尺度功能依然存在，但在布叠的冲击下，它的地位已经动摇了。

这种布叠冲击铜钱本位地位的趋势并非西州一时一地的独特现象，而是整个河西陇右地方的普遍情况。留存的唐永泰元年至大历元年（765—766）河西巡抚使的一个判集中载有两道关于布叠的文字，说的是吐蕃势力进占河西走廊，地处今甘肃张掖的建康军成为唐蕃相持之前线，"尚书"留下三百段布叠，为建康军使所费用。前者称"给付将士"，但"不具人名"，故河西巡抚以为不合规定；后者又称"充防城人赐"，建康官员大得其利，巡抚以为时事维艰，而文官武将却置国难于不管不顾，一味中饱私囊，很不妥当。能否处理、如何处理，暂且先不管了，但在这里足可见布叠的货币功能。

而根据这一判集，沙州（今甘肃敦煌）向百姓征收"税钱"，也是以"布绢"为主，这样的情况一如吐鲁番地区。由于财政困难，以至于瓜州（今甘肃安西）长史（副长官）打算并且已经实行了"采矿铸钱置作"，即已经有了正式的铸造机构，但最终不成功，"粮殚力尽，万无一成"，落得个"再三筹议，事须勒定"的下场。这样的下场，我看就与四百多年前张轨、索辅拍脑袋想出来的法子一样,是逃不出失败的宿命的。

联系西州及河西陇右都发生铜钱本位危机、布叠冲击铜钱的事实,可以很容易得出一个结论:吐鲁番地区的铜钱本位的动摇是与安史之乱以后吐蕃势力渐及河西陇右的政治军事形势分不开的。此后,西州的铜钱恐怕就要消亡了。

至于西州辅助货币绢帛,在此一时期亦无露面,大约它的命运比铜钱还要悲惨,在安史之乱期间就已经停止使用了。

# 起起伏伏三时期,跌跌宕宕七阶段

上面分析得太复杂了,我在这里做一个总结吧。简单的几句话:风云变幻四百年,起伏三时期,跌宕七阶段。

画蛇添足一下,我再画一张示意图给大家看,水平不高,但如果对照着第一节的文字看,也是很有趣的!

还需要说的是,考察吐鲁番地区四百年中的货币关系,我们必须注意到丝绸之路两端的政治状况,注意到交通沿线的军事政治形势,注意到高昌西州邻近的地理环境、政治军

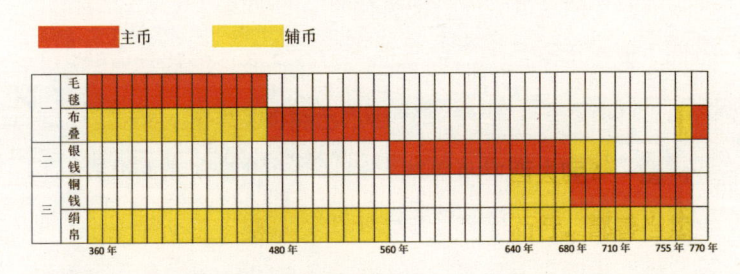

**吐鲁番地区 400 年货币关系演变示意图**

事环境之变迁，注意到吐鲁番地区自身之政治环境及其生产力发展、生产方式变化状况。以此为出发点，综合高昌西州四百年货币关系演变的历史，可以把它划分成三个大的时期，七个小的阶段。

第一时期为纺织品本位时期，它自367年起到560年大约200年时间。其中又可分为两个阶段。对于此一时期的高昌商业经济，从货币关系考察，可不必把它想象得如何发达。

第一阶段从367年至482年，约一百二十年之久。这是以毯为本位的阶段，辅助的一般等价物则有绢、绵、布叠等。其发生的原因在于中原战乱，柔然、厌哒、吐谷浑等几大势力控制着丝绸之路。因此，高昌的商业贸易多与游牧民族进行皮毛贸易，而大碛路的贯通，对于高昌的商业贸易也深有影响。

第二阶段自482年到560年，约八十年时间。这是一个以布叠为主要通货的阶段，毯作为通货已经消亡，而绢、绵等辅助的一般等价物仍然保留着自己的地位。其发生的原因，恐怕主要在于高昌地区自身生产力的发展，棉花种植面积扩大而可以不依赖于游牧民族的皮毛作为通货了。

第二时期为银钱本位时期，它自560年起至680年，约一百二十年时间。其中又可分为两个阶段。

第一阶段自560年起至640年，约八十年时间。这是一

## 第二章 金银铜币汇高昌

个纯粹银钱流通的阶段，纺织品作为一般等价物暂时在高昌的舞台上消失了。其原因恐怕在于，突厥的崛起消除了丝绸之路的障碍，隋的统一也为高昌的货币变化提供了一定的条件，因此，吐鲁番地区的商业经济日益发达起来。

第二阶段自640年至680年，约四十年时间。这是一个银钱、铜钱、绢帛并为货币的阶段。在此一阶段，银钱本位地位还比较牢固，但到后期已露出衰亡的迹象。由于唐王朝开拓西域，中原的绢帛源源不断地涌进西州，成为银钱以外的一种重要的辅助等价物。铜钱在这个阶段也开始行用。应当说，此一阶段吐鲁番地区的商业经济达到了在古代中国的顶峰。

第三时期为铜钱本位时期，它自680年起至763年，约八十年时间。其中又可以分为三个阶段。

第一阶段从680年至710年，约三十年时间。这是一个铜钱取代银钱本位的过渡阶段。由于大食兴起、波斯萨珊王朝破灭，西州的银钱来源近于枯竭；还由于吐蕃扩张，发生了和唐朝争夺安西四镇的战争，丝绸之路受到一定冲击。于是，银钱本位地位不能再维持下去，中原的铜钱遂取得了正统地位。

第二阶段自710年至755年，约四十五年时间。这是一个铜钱本位确立阶段。这个阶段银钱不再在西州流通,铜钱的本位地位便确立无疑。原因当与前一阶段相同。而在第一、二阶段内,由于中原铜钱本身不足,绢帛仍然作为辅助的一般等价物活跃在经济货币领域。这两个阶段,由于中原的经济处在鼎盛时期,西州的商业经济仍然保持着高涨的势头。

  第三阶段自 755 年至 763,约八年时间。这是一个布叠冲击铜钱本位的阶段。在这一阶段内,铜钱虽然仍然保持着自己的地位,但已日薄西山、气息奄奄了,而绢帛则退出了西州的历史舞台。与此相应的是,西州本地产的布叠重振雄风,向铜钱本位地位发起了猛烈的攻势,铜钱的消亡已经指日可待。若寻求出现布叠冲击铜钱的原因,则在于安史之乱爆发、中原陷于战乱而无暇经营西域,从而导致吐蕃渐次攻占河西走廊,丝绸之路也不再通畅了。于是,这一阶段以及以后漫长的历史时期内,吐鲁番的商业经济便也走向了衰落。窥一斑而见全豹,政治对于经济交通影响之深便清晰可见。

## 第三章

## 胡化婚姻竟如何

胡化婚姻是一种文化。而文化是个很奇妙的东西，它是道不清、说不明的。我们常以为自己理解了，但其实也许还没有理解——它影影绰绰，它若隐若现，它神龙见首不见尾，它犹抱琵琶半遮面。揭开它的面纱，一睹它的芳容，若能得其真相，窥其冰山之一角，岂非有趣之猜想？在这一部分中，听我讲讲唐代的胡化婚姻，看你真理解了没有。

# 唐人大有胡气

彩绘伏羲女娲麻布图（新疆维吾尔自治区博物馆藏）

　　胡化婚姻即带有相当原始性状态的婚姻形式。这种婚姻状态，在中国古代的一段时间内还带有相当的普遍性，探究此种婚姻形态及与各个民族之间文化交流冲撞的相互关系，当然是一种有趣的猜想。和亲多为中原公主出嫁少数民族，而反向的流动即周边民族的"公主"出嫁于其他民族特别是中原王朝之皇室则可称为"另类和亲"——考察周边民族与中原的婚姻及其相互之间的文化形态与政治关系，也应该是很有意思的事。

众所周知，南宋朱熹是个集理学大成的大儒者。而他对历史也有些研究，至少有些心得体会。他对于离他时代大约五六百年前的唐代的事，曾经说过些很得体很有真知灼见的话："唐源流出于夷狄，故闺门失礼之事不以为异。"朱熹的这种说法自然与他所处的时代环境有关，其中含有说教的成分也说不定，但对于这样的判断，却大得现代史家赞赏，认为古人有这样的见地是很了不起的。原因在于此语击中了要害："夷狄"与民族相关，"闺门失礼"则与文化紧密联系，而这两者又实实在在是研究唐朝历史的关键所在，其揭示的是种族和文化对于政治的深刻关系。朱熹有这样的见地可谓大有识见。

当然，在我看来，朱熹的文字功夫也使人不得不叹服。看他讲"色"，却不着"色"字，就把很"色"的东西表达得清清楚楚、干干净净。他虽从理学的说教立论，但从用辞亦可看出他的过人之处。什么是"闺门失礼"？说白了吧，就是妇女违背妇女应该遵循的"三从四德"准则的行为。而其中特别的表现则为不正当的男女关系，当然，男的也难辞其咎，实际应负有更重大的责任。不正当的男女关系就可以叫作"闺门失礼"，可以说，朱熹用最正经的方式，将"色"的意思，非常正确地表达了出来。

不过，朱熹毕竟不是正宗的历史工作者，也不是考古学家，上面的判断还是小有微瑕的。这白璧微瑕就在于李唐王室其实不是什么"夷狄"，而是"正宗"的汉人。这种说法，要说它完全对吧，好像也不是，我还是稍微解说一下吧。

先说女系。据现在所知，唐太宗李世民的皇后就姓长孙。太宗的儿子、后来的唐高宗就是长孙皇后生的。查查长孙氏的根底，就知道长孙氏原姓拔拔，世居代地，族属鲜卑，为南部大人，即山西、内蒙地区的鲜卑部族一个部落的首领后代。拔拔之姓到北魏道武帝时就改为长孙了。这长孙是"帝室十姓"之一，也就是说，长孙氏与北魏宗室拓拔氏有着血缘关系。长孙家族在北魏北周隋王朝都占有极重要的地位，比如太宗长孙皇后的父亲叫长孙晟，他在北周及隋朝当官，以熟悉突厥事务知名，号称"突厥通"。

唐高祖的皇后窦氏呢，这个窦姓也不是东汉时期的窦太后、窦宪的窦。唐高祖窦皇后之窦源出匈奴，原为匈奴之没鹿回部，后改为纥豆陵部，世为部落大人。到北魏孝文帝时，或许因发音中有"豆"，纥豆陵氏才改为窦氏的。窦氏在西魏北周隋唐时代在历史舞台上也相当活跃。看看窦皇后父亲和兄弟的老婆，大家就知道窦氏家族有多厉害了：父亲窦毅娶

第三章　胡化婚姻竟如何

的是被尊为开国之主的北周宇文泰的第五女襄阳公主；窦皇后的兄弟则娶了西魏文帝的女儿义阳公主。更要紧的是，窦皇后就是唐太宗的生母，唐王朝的兴盛从某种角度来说，就是与她有关的。唐高祖武德元年（618），她被追谥为太穆皇后。

还有一个就是唐高祖的母亲独孤氏了。独孤氏也非常有名，这个氏族是北魏"勋臣八姓"之一，本是匈奴单于贵种，号匈奴屠各氏。后来在民族融合过程中，独孤氏族成为鲜卑三十六部之一，是统一北中国的北魏政权的新贵。北魏末年，魏分东西。当东西魏分裂之时，独孤氏首领独孤信随孝武帝入关，颇有战功，大统十二年（546）拜大司马，十四年（548）进位柱国，诸子皆封爵。十六年（550）迁尚书令，是

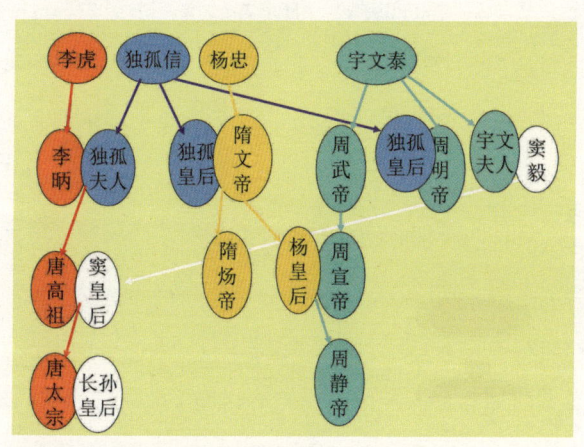

周隋唐帝室亲属关系图（陈志坚课件）

年成为府兵制下八柱国之一。特别要指出的是,独孤氏家族有一个三代外戚的特殊身份,即独孤信所生的三个女儿分别为北周明帝的皇后、隋文帝的皇后和唐高祖李渊的生母。想一想吧,独孤信有多厉害,以他一己之力,造就了北周隋唐"三代皆为外戚,自古以来,未之有也"的盛大局面。

所以,从女系看,李唐王室就并非是纯粹的汉族了,而是掺杂了胡族的血统。但中国古代社会毕竟是男子掌权的社会,因此还得从男系看。

稍早的时候,李渊、李世民他们的先人曾被称为西凉李暠之后,也就是陇右李氏。陇右李氏名声显赫,为当时大族。这样的攀龙附凤,在那个大家都讲门第的社会,以世家大族为荣的年代,是完全可以理解的。但实在地讲,李渊、李世民他们的李,应该是赵郡李氏(今河北赵县)而非陇右(今甘肃临洮)李氏。赵郡李氏也曾经显赫过,但当李唐在未兴之前,虽然名声犹在,但至少李渊、李世民他们祖上这一支是在没落的过程中,地位大不如陇右李氏,他们攀附西凉后裔、帝王贵胄便也可以理解。何况,从西魏北周以来一直到隋,甚至到太宗时代,统治者都施行"关中本位政策",对于山东人则大加歧视,为着政治社会的需要,原先的赵郡李氏真的被他们丢弃,有意无意地成为数典忘祖的典型——这样说来,李唐男系竟是

## 第三章 胡化婚姻竟如何

正宗的汉族血统了?

不过,话还得说回来,在当时的北方五胡乱华的大背景下,比种族更要紧的是文化。你是胡人,汉化了便与胡人没有关系;你是汉人,如果胡化了,人家也不见得就以汉人看待你。非常明显的一个例子是:北齐皇帝显祖高洋曾经向大臣杜弼讯问治国之道,杜弼建议说:"鲜卑车马客,会须用中国人。"北齐王室高氏出自渤海蓨县(今河北景县),自是华夏高门,但在当时的环境下,渤海高氏虽为汉人,但已然胡化。杜弼排斥鲜卑,而高洋竟以为是讥讽自己,于是心存芥蒂。由此实在可见,在当时的汉人胡化的大环境下,即便胡化了的汉人,也将自己看作是胡人的。

相反的也一样。北齐时代有一个叫源师的人,他是正宗的鲜卑秃发氏后裔,但已经接受汉族文化教化了,于是,一些胡人并不把他看作是自己部族的一分子,相反却将他鄙视为"汉儿"。在那个时代,在那个环境中,以"汉儿"来称呼他可不是对他的恭敬。

李唐的李氏在这样的环境中,曾经因政治文化的需要,自觉或不自觉地改变他们的籍贯郡望,一改赵郡李氏为陇右李氏,再改陇右李氏为鲜卑大野氏,再后来,虽复为汉姓,却没有回到最初的赵郡李氏,而将错就错成为陇右李氏了。

**辫发图与牛耕图，辫发左衽为胡人特色（阎步克课件）**

现在，该明白李唐王室就是赵郡李氏了吧？

那么，什么叫胡化或者汉化呢？最简单的说法就是，汉化者崇文教，胡化者尚攻战。当然，其表现还有许多方面，比如汉民族极其讲究的婚姻就是其中重要的一环。

胡化尚攻战、轻文教，胡化了，那岂非与野蛮人一样了？也不完全是这样。高明史家就说，这是历史进程中重要的一环。以胡族来说，他们以新兴的精神、强健活泼的血脉，注入汉族久远而陈腐的文化之中，导致的结果便灿烂辉煌，最终造就了独步世界的大唐。有这样的非凡成就，即使"闺门失礼"也就无足轻重了，从其时代性来说，也就毫不足怪了。既然这样，现在也要以科学的眼光、别致的思路来讲讲文化的问题，说说唐人的胡气，讲讲唐人的婚姻了。

# 母仪天下与"辰嬴之累"

举几个典型的李唐皇室"闺门失礼"的例子吧。先说名头最大的唐太宗。

唐高祖武德九年（626），李世民发动了"玄武门之变",杀死了他的兄弟李建成、李元吉，迫使其父李渊禅位，这当然是政治上的大事。而对于一些秘事，则当时的记载阙如。不过，多年以后，这样的事情也渐渐浮出水面。《资治通鉴》记载，在贞观二十一年（647）的时候，唐太宗将自己的儿子李明立为曹王，不久，就将曹王李明过继给李元吉为子，以延续李元吉这一支血脉。那么，李明的母亲是谁呢？告诉你吧，她就是齐王李元吉当年的王妃杨氏。李元吉一死，唐太宗就将这个弟媳妇"霸占"为妻了，据说这个杨氏还很得唐太宗的宠爱。后来看到的事实是，贞观十年（636），长孙皇后逝世，皇后这个席位空缺，唐太宗第一时间就想到了杨氏，准备将她立为皇后。史家说，这实在与李世民看重隋皇室之杨氏有关，李世民一贯轻视山东士族，而对于"关中"人则青眼有加，李明之母齐王妃杨氏之所以能成为皇后的候选人，关键就在于她出身于名门大族弘农杨氏，与隋皇室血脉相通，尽管隋皇室的杨氏的郡望也与陇右李氏一样，大有冒称之嫌疑，也在所不惜。

于是，这里看到了胡化姓氏中的一个类别叔嫂婚（伯媳婚？）在唐太宗身上的反映。但就在这个时候，魏徵站了出

（唐）阎立本《步辇图》局部

来，他以汉化文化的代表自居，发出了强烈的反对的声音："陛下方比德唐虞，奈何以辰嬴自累！"

唐虞，大家都知道就是唐尧虞舜，这是被古代的人们看作是贤明时代的贤明君主的。而"辰嬴之累"的原典则与春秋时期的第二个霸主晋文公重耳及其兄弟有关了。

当年，晋国的太子圉在秦国为质子，秦穆公将女儿嫁给了他。后来太子圉逃归晋国，秦公主嬴氏并未夫唱妇随跟随至晋，而是留在了本土。再后来，晋太子之兄弟公子重耳周游列国后到了秦国，秦穆公又将这个女儿嫁给了重耳。于是，人们便把"嬖于二君"即一女嫁二男的故事归结为一个成语，就叫"辰嬴"或"辰嬴之累"。

文化是在变化着的。春秋时代"辰嬴"可以被接受，但到了孟子所处的战国时代，在中原地区，这样的习俗或许就改变了。《孟子》说儒家的"礼"规定"男女授受不亲"，而举出的命题便是"嫂溺，则援之以手乎"，即嫂子掉到水里去了，你是伸手呢还是不伸手呢？

但是你以为魏徵就完全反对唐太宗纳李元吉的妃子为自己的妃子了？那又错了。实际上，杨氏早就"嬖于二君"了。魏徵反对的仅仅是杨氏当皇后，母仪天下不行，当妃子还是可以的。这是一种变通，这种变通也是一种文化。这种变通

洛阳龙门石窟卢舍那佛,据称是以武则天的标准像雕刻的

在武则天身上还会看到。当然,史籍上说的是唐太宗采纳了魏徵的意见,没有立杨氏为皇后。但是其后,他也再没有立谁为皇后了。

下面就要讲到唐太宗、唐高宗父子与武则天的关系了,由于武则天后来当了皇帝,这个故事便更为人们所熟知。

武则天是太原文水县人,当她十四岁时,便因"美容止"而被唐太宗召入宫中,立为才人。才人是皇帝嫔妃之一,正第四品。武则天的父亲原为木材商人,颇富钱财,跟随李渊等人打进关中,也算是消灭隋之旧王朝、建立唐之新政权的有功之臣。

武则天后来成了唐高宗的皇后,但她与李治早在贞观十九年(645)就已经有交集了。那一年,唐太宗进击辽东,十八岁的太子李治与二十一岁的武则天都留守在定州(今河北定州),妙龄男女惺惺相惜。当然,对于儿子与妃子的这种

## 第三章 胡化婚姻竟如何

新关系，唐太宗似乎也有所感觉，但始终没有追究。到唐高宗当上皇帝以后，武则天便从唐太宗的才人成为唐高宗的嫔妃，再后来，便成为皇后了。这实际上就成就了"报母婚"这样的胡化婚姻状态。

纳武则天为嫔妃的事颇有戏剧性，我们也得说一说。唐太宗在贞观二十三年（649）死去，根据惯例，武则天削发为尼，居于感业寺。第二年，即唐高宗永徽元年（650），武则天二进宫，先是立为昭仪，后又进号宸妃。对于武则天的二进宫，史籍颇有忌讳，总是遮遮掩掩。但当唐高宗决定要废去王皇后而立武则天为皇后时，这层"秘密"被揭开了。我下面还要讲到，对于当时的一些人以及后来写史的一些人来说，这是隐私，但在当事人特别是唐高宗看来，这样婚姻关系可是光明正大得很，一点也用不着回避的。二进宫的事这里就不说了，只看立皇后的事。

当日唐高宗废王皇后立武则天时，遇到的阻力是空前的。反对者多为关陇集团中人，即西魏北周隋唐时期的那些功勋大臣、头面人物，他们手握重权，由于政治关系极力阻挠武则天当皇后，其中的代表人物便是长孙皇后的兄弟长孙无忌，以及褚遂良、于志宁等人。那一天，唐高宗召集长孙无忌等三人讨论这件事，于是便有了以下场景。

唐高宗问他的舅舅长孙无忌："王皇后无子，武昭仪有子，朕想立武为皇后，怎么样？"褚遂良抢过话头说："王皇后出身世家大族，是先帝太宗皇帝替陛下娶下的。先帝临崩之时，拉着陛下的手对臣说：'朕的佳儿佳妇，现在就托付给卿了。'先帝的话陛下也是听到的。何况，王皇后并无过错，怎么能够轻易废弃呢？臣下可不敢曲从陛下，违背先帝的意旨！"唐高宗很不高兴，当天把此事搁下了。

第二天，唐高宗又提起这个话题，褚遂良激烈反对，见于事无补，痛下狠心说了下面的话："陛下必欲易皇后，伏请妙择天下令族，何必武氏？武氏经事先帝，众所具知，天下耳目，安可蔽也！万代之后，谓陛下为如何？"

褚遂良的话太重了。他不顾颜面将唐太宗、唐高宗、武则天的那段历史暴露无遗，连坐在帷幕之后的武则天也禁不得怒喝道："何不扑杀此獠！"但实在来讲，那是实情。而当武则天在此前被立为嫔妃时，却是被他们默认的，也就是我前面说过的，当妃子可以将就，但当皇后是万万不行的。

当然，为最终解决问题立下不世之功的是兵部尚书李勣。当唐高宗后来再次提及立皇后事时，他举重若轻，轻描淡写地说了句"此乃陛下家事，何必更问外人"，就让唐高宗解了难题。当然，立皇后背后的复杂政治背景，此处也不再说

第三章 胡化婚姻竟如何

了。在此之后，唐高宗做出了交代，颁下了《立武后诏》，诏中将他与武则天的那段刻骨铭心的恋爱历史昭告于天下，并说明了父皇唐太宗的态度。时在永徽六年（655）年底，这一年唐高宗二十八岁，武则天三十一岁：

> 武氏门著勋庸，地华缨黻。往以才行，选入后庭。誉重椒闱，德光兰掖。朕昔在储贰，特荷先慈，常得侍从，弗离朝夕。宫壶之内，恒自饬躬；嫔嫱之间，未尝迕目。圣情鉴悉，每垂赏叹，遂以武氏赐朕。事同政君之锡，已经八载；必能训范六宫，母仪万姓。可立为皇后。

唐太宗昭陵前李勣墓碑

你看，诏书中的武则天出身名门，品行高尚，在唐太宗时代便是宫廷楷模。"朕昔在储贰，特荷先慈，常得侍从，弗

**乾陵唐高宗武则天墓碑（李刚授权）**

离朝夕"，说得够清楚了吧，于是武则天这个先父的才人由先帝所赏赐，也应该是可信的。唐高宗虽然大大地拔高了武则天，但对于两人的关系却一点也不隐瞒，光明正大得很。也许，社会思潮、婚姻惯例在那个时代本来就是那样的，用得着忌讳吗？但此诏的发布，却引起了当时及后世的议论。特别是到了"饿死事小，失节事大"的宋朝，更有人义愤填膺，指斥"其于世间公议，若略无畏惮者"。但实际上，他们或者不知道唐时的社会环境，或者宋时有着现实的需要。依我看来，两者必居其一，但都不是太得体的指责。

其实，非但唐朝王室，就是与李氏带有血缘关系而同样有着胡族血统的隋炀帝杨广，其所作所为亦约略相同。当杨广之父隋文帝生病卧床时，太子杨广就对文帝嫔妃宣华夫人

第三章 胡化婚姻竟如何

陈氏"无礼"。而在文帝崩后,杨广就"烝"于陈氏,所谓的"烝",就是下犯上的意思,这里指的是下犯上的男女关系。在炀帝嗣位之后,陈氏"出居仙都宫,寻召入",也就是把父亲的妃子当作自己的妃子了,这也是胡化婚姻中"报母婚"的形态。

当然,还有被白居易称作"在天愿作比翼鸟,在地愿为连理枝"那样神仙眷侣

**乾陵前武则天无字碑,千秋功过,任人评说(李刚授权)**

般的绝配唐玄宗与杨贵妃。他们之间的关系,也应该是胡化形式,这种形式表现为其中的第三种"翁媳婚"。

杨贵妃本是唐玄宗儿子寿王的妃子。唐玄宗在死了他心爱的女人武惠妃后,精神感情无所寄托,"后庭数千,无可意者"。奴才高力士左探右访,不惜牺牲其次要主子寿王的"利益",寻觅得杨玄琰女儿——后来的杨贵妃,将其召入宫中,竟大得唐玄宗欢心。于是,貌似出自杨氏本意,出家为女道

161

士，号太真，再入宫而"回眸一笑百媚生"使得"六宫粉黛无颜色"，"遂专房宴，宫中号娘子，仪体与皇后等"，天宝初年就被玄宗册封为贵妃了。这就是胡化婚姻形态中的"翁媳婚"呀！

　　还有一个有趣的现象我也得说一说。在皇室的这样的胡化婚姻中，似乎还有一个程序：唐高宗立武则天，是将其从感业寺的尼姑变为妃子的；隋炀帝召宣华夫人于仙都宫，宣华夫人二进宫前大概当了女道士；而杨贵妃也是当了太真，才又成嫔妃而后贵妃的。这种现象我以为颇有一种现代意义

（唐）张萱《太真上马图》（陈志坚课件）

## 第三章 胡化婚姻竟如何

上的"黑钱洗白"的功效。以此而言,当年唐太宗以齐王妃杨氏为嫔妃应该也有这样的一个过程。再看看新近出土的李建成妃子郑观音墓志,隐隐约约或许也有这样的经历。再远一点,想一想《水浒传》中的鲁达,先是拳打镇关西,而后进空门摇身变作鲁智深,于是其"罪孽"便也化为一缕青烟随风飘散了。我的猜想呵,若果真如此,便是一种极有趣的文化现象,从女到男,却是从胡化婚姻的程式中"进化"而来的。

皇室的"闺门失礼"当然还有其他表现,比如现在京剧剧目《打金枝》,唐代宗女儿升平公主飞扬跋扈,不就是没有家教的一种反映吗?这个留待后话。

## 武敏之与裴行俭的故事

隋唐皇室有"辰嬴之累"已如上述。此时的贵族官僚又怎样呢？在说武敏之与裴行俭之前，我也为武则天的"私生活"辩白一下，以示公正。

**无比恢弘的乾陵**

## 第三章 胡化婚姻竟如何

武则天是女皇帝，当然引人注目。由于此层原因，有关题材便特别多，赞赏的，泼污水的，多得不得了。直到现在，戏说武则天的也不知有几个版本了。

政治上的一些事我们就不说了。但她为人们所垢病的除了"娥媚偏能惑主"外，还有她的"私生活"，我们则要说一说。其实，即便在"嬖于二君"的胡化婚姻中，她也并非主角，主角是唐太宗唐高宗父子，她是"被动"的，主动的"被动"。但她在当了皇帝以后，则又是张易之，又是张昌宗，又是怀义和尚等。至于储存面首的专门机构——控鹤监，就非但与她有关，而且她竟是完全的主角、完全的中心了。并且还能看到一些更刺激的东西。这是怎么一回事呢？

武后朝，有一个叫朱敬则的年轻官员在朝廷上向武则天提出"私生活"方面的意见。这个朱敬则，他的官位仅仅是右补阙，从七品，很小的官，与后来杜甫的左拾遗是同一类性质的官员，都负有向皇帝提意见的责任，所谓的"拾遗补阙"是也，但充其量只不过是政治"花瓶"。朱敬则提意见的起因是武则天下令广选天下美少年为"左右奉宸供奉"。朱敬则非等闲之辈，提意见非常有水平，他主要是为武则天的圣体考虑，任什么东西都不能过度。他认为，武则天既已有了内宠薛怀义、张易之、张昌宗，那就应该满足了，不应该再

有什么"广选"的举动了。当然,他也不忘从礼法考虑,说:

> 近闻上舍奉御柳模自言子良宾洁白,美须眉,左监门卫长史侯祥云阳道壮伟,过于薛怀义,专欲自进,堪奉宸内供奉。无礼无仪溢于朝听,臣愚职在谏诤,不敢不奏。

当朱敬则说出这些让人心惊肉跳的谏言时,则天皇帝已经全然没有当年"何不扑杀此獠"的窘迫与焦躁了。她款款地对年轻的朱敬则说:"非卿直言,朕不知此。"何等淡定,何等从容!不但如此,她还"赐彩百段"以为奖励,当时一段约合十匹四十丈,不要太多噢!

当然,你要说她"私生活"有问题,好像也有那么一回事。但是高明的史家要为她洗地,要站出来为她说话了。武则天是什么地位什么样的人?当年她被动地成为了"辰嬴之累",但现在可不一样了,现在她是堂堂正正的大周帝国皇帝——她在690年登基,国号便是大周,史称武周,直到705年,当皇帝长达15年呢——正因为她是皇帝,所以,皇帝所有的所有,一切的一切,都是她应得的。何况,比起后宫佳丽三千,比起制度规定皇帝的嫔妃逾百,区区张氏兄弟、

## 第三章 胡化婚姻竟如何

和尚怀义又何足道哉！武则天对朱敬则的直言加以赏赐，都是占着了这样的理儿，可谓名正言顺。于是便也无所谓她的"私生活"如何如何了。现在看来，这样的事实实在也无关乎胡化不胡化了。

但武氏之门却真有失礼之事，而且还厉害得很，似乎很有点胡化的味道。与此大有关系的这个人就是武则天的外甥武敏之。

武则天的父亲武士彟所娶的妻子姓相里，相里氏生有两个儿子：武元庆和武元爽。相里氏去世后，武士彟再娶杨氏为妻，杨氏就是武则天的母亲。除武则天外，杨氏还有两个女儿，一个嫁给了贺兰氏，另一个嫁给了郭氏。史籍上说，武士彟卒后，武则天侄子武惟良、武怀运对杨氏"失礼"，当然，"失礼"的还有武则天的兄长武元爽。当时，武则天尚未发达，对于他们的"失礼"毫无办法，只是记在心里，恨在胸头，权待时机给其狠命一击。没想到的是，武则天当上了皇后以后不久，却发现唐高宗还"爱幸"着自己的外甥女贺兰氏。于是，武则天设下圈套，下毒害死贺兰氏，同时诬陷是武惟良等下的手。一箭双雕，报了她的仇，雪了她的恨，除去了她的眼中钉——当然，这是污水也说不定。而武则天还封其母亲杨氏为代国夫人，后又改封为荣国夫人，封其姊为韩国夫人，她的父亲武士彟则被追赠为司徒周忠孝王。在这样的情况下，武氏家族虽不齿于武则天，但武士彟的衣钵还得继承，血脉还得延续，于是，韩国夫人的儿子贺兰敏之登台了——作为武士彟的嗣子，贺兰敏之改姓武，他的辈份也凭空拉高了一级。

但就是这个武敏之极不争气。他"韶秀自喜，烝于荣国（夫人）"；荣国夫人杨氏死后，武则天为她母亲"出珍币，建佛庐徼福"，而武敏之又贪得无厌，中饱私囊，"乾匿自用"；司卫少卿杨思俭的女儿被选为太子妃，武敏之闻其美，竟敢"强私焉"；武则天女太平公主往来外婆家，宫人从者，敏之悉逼乱之……到最后，武则天终于忍耐不了了，她不得不痛下杀手，将其流放，逼其"自杀"，而以武元爽之子承嗣"奉士彟后"。以此而言，武敏之实在是无法无天，无"礼"得很。然而，我还怀疑，武惟良、武怀运诸人对于杨氏的"失礼"，是否也是这样的性质？姑且存而不论。

淫秽无礼当然是闺门失礼，但还不是胡化婚姻。前者是胡来，后者还是有规定约束的，尽管如此，两者又是有联系的。下面将要举出胡化婚姻的又一个代表人物裴行俭与他的前后任夫人的关系来了。

裴行俭（619—682）是唐高宗时期的名人，他最后的官位是礼部尚书兼检校右卫大将军。他以军事成就闻名当世,他的功业主要表现在巩固西域及北方边防上。此处仅举一例以明事实。

唐高宗仪凤二年(677),西突厥十姓可汗阿史那都支及别帅李遮匐与吐蕃联合进攻西域。唐廷欲出兵征讨,当此之时,裴行俭斟酌事态,提出对策,以为大张声势强行进攻不若智取为妙,如果以册送波斯王泥涅师及安抚大食使的名义,实行偷袭,或可得兵不血刃之全功——萨珊波斯被大食消灭,流亡的波斯王泥涅师当时正居于京师长安,受唐政府的庇佑呢——于是,曾在唐高宗麟德二年(665)当过安西(龟兹)大都护的裴行俭便成为这个名为使者、实为作战领导的不二人选。裴行俭风尘仆仆到达西州,召集豪杰子弟千余人随己而西,沿途放出风声,扬言给其下曰:"今正炎蒸,热坂难冒,凉秋之后,方可渐行。"——吐鲁番到过的最高气温几近50摄氏度,中午沙面曾达82摄氏度以上——而后,则兵不厌诈,出其不意直捣叛者老巢,攻下碎叶(今吉尔吉斯斯坦托克马克),一举擒获阿史那都支以及李遮匐,为大唐边疆的巩固立下了汗马功劳。

扯远了,我要说的其实是裴行俭的社会关系文化状态方面。裴行俭族望为河东闻喜(今山西闻喜),号称"中眷裴

山西闻喜裴柏村——中华宰相村

氏",而裴氏"方于八王,声振海内"。他本人则明经出身,擅长书法,勤于著述,"又善测候云物,推步气象"。这样的人物该是注重门风了吧?但实际上并非如此。

裴行俭的元配夫人是"河南陆氏,兵部侍郎陆爽之女也"。这个陆爽,我原以为与北齐隋时代的著名语言文字学家陆法言的父亲陆爽是同一人,但后来却发现此陆爽非彼陆爽——此陆爽还与唐太宗的婚姻有所瓜葛,真可谓是无巧不成书呵。因有此层关系,我还得说一说。

唐太宗贞观二年(627),长孙皇后访求得"年十六七,容色绝姝"的郑氏,唐太宗遂准备以郑氏为嫔御,并已经发

第三章　胡化婚姻竟如何

出了诏书，不日将迎入宫中。当此之时，魏徵进言了，他风闻郑氏已经许嫁"士人"陆爽，如果真是这样的话，陛下不应该有此不当之举。当此之时，也有拍马奉承之辈，以为陆爽与郑氏并无婚约，而郑氏为嫔妃的"诏书已出"，则应有权威性，颇有木已成舟，不容悔改的意思。但当事人"士人"陆爽站出来说话了，他表态道，此事"初无婚姻交涉亲戚"。他的意思是说，郑氏与我陆氏毫无瓜葛，皇帝以郑氏为嫔妃并无不妥。一时之间，满城风雨。当然，皇恩浩荡，英明的皇帝最后并没有纳郑氏。而郑氏最终是否当上了陆爽的老婆就不得而知了，只能从裴行俭的神道碑中知道，这个陆爽最后当上了兵部侍郎，而他的女儿则成为了裴行俭的元配夫人。

但说到陆爽，这个"河南"的陆氏，其血统实际上又与长孙氏、窦氏并无二致。当年北魏孝文帝自平城（山西大同）迁都洛阳，将鲜卑各部族的籍贯都改成了河南洛阳。依据唐朝谱牒学家柳芳的说法：当年过江的"侨姓"，王谢袁萧为大；东南地区的号称"吴姓"，朱张顾陆为大；函谷关以东的"山东"地区，号称"郡姓"，王崔卢李郑为大；关中也是号称"郡姓"，以韦裴柳薛杨杜为首；"代北"就称为"虏姓"了，元长孙宇文于陆源窦为首。

这样说来，"关中"裴氏与"代北"陆氏都是一时的"名门大族"，裴行俭与陆爽之女的婚配算得上门当户对。不过从陆氏的根源来说，还是流淌着胡族血液的。大凡当时带有"河南"籍贯的，多有胡族血统，犹如康何安氏多为昭武九姓人的情形一样。

但就是这个裴行俭，虽为名门望族，却在胡化文化的历史中，在胡化文化的熏陶下，在胡化文化的环境里，门风"不检点"得很，按照朱熹的说法，应该就是"闺门失礼"了！

裴行俭的元配夫人陆氏早卒，他的继室夫人为库狄氏。库狄部族也是鲜卑之一支，史籍说，它是鲜卑段匹䃅之后，避难改姓为库狄，居于代北，后迁中夏河南。而从段氏的先祖而言，应该与鲜卑慕容部落的关系更紧密一些。

现在查库狄氏的材料，可发现与裴行俭时代相近的不多，但其中一个叫库狄士文的所作所为却说明库狄氏的汉化程度并不是太高。库狄士文有一个从妹原先是北齐皇帝的嫔妃，北齐灭亡后，她被赏赐给长孙览为妾，后离绝。离绝后，就由从兄雍州长史库狄士文作主嫁给了应州（今山西应州）刺史唐君明为妻，但这个娶妻的唐君明却正是在服母丧期间，服丧而娶妻这样的行为在主流文化中可是大不得当的。于是唐君明与库狄士文均被御史弹劾而罢官。此事发生的时间在隋文帝时期。

## 第三章 胡化婚姻竟如何

当然,现在不知道裴行俭的继室夫人库狄氏与库狄士文有无血缘关系,但说库狄氏族汉化程度不高应该说得过去。而作为名门的裴行俭娶其为妻,也可说是门不当而户不对了。

但更要说一点的是,这个库狄氏实际上原先是裴行俭长子裴贞隐的妻子,即裴行俭的儿媳,按照唐代的说法,就是新妇,只是由于裴贞隐早卒,便嫁给了裴行俭,形成了胡化的"翁媳婚"形态。

裴行俭的世系,从现存的史籍看来,记载是相当不同的,这种记载的不同,关键在于有库狄氏的先嫁给裴贞隐,后又成为裴行俭继室夫人的复杂关系。经过我的整理,简单地说吧,他们的血缘关系依时间顺序大约是这样的:

裴行俭 + 元配陆氏——裴贞隐

裴贞隐 + 库狄氏——裴参玄、裴义玄、裴悟玄

裴行俭 + 继室库狄氏——裴延休、裴庆远(此二人被看作是裴贞隐之子)、裴光庭

此处对于这样的关系也不再进行繁琐的考据了,只把北魏前史帝室中的翁媳婚状态写在下面进行比较,就可以知道裴行俭的胡化婚姻状态了:

昭成帝什翼犍+某氏——庶长子拓跋寔

　　献明帝拓跋寔+贺氏——拓跋珪（目为昭成帝什翼犍之子）

　　昭成帝什翼犍+贺氏——秦王觚（目为昭成帝什翼犍之孙）

　　两相比较，一为北边入主中原以前之少数民族，一为中原正宗之世家名门，这里也不必狭义地认定这是鲜卑化的结果，很可能倒是裴行俭在西域"从政七八年间"的产物，或者是当时河朔地区胡化倾向之所染。这样，与其说裴氏婚姻是纵向的延续，不如说这是横向的影响。唐代前期，长安城中有突厥香火兄弟法，亦不能不影响裴氏之婚姻模式。这点留在后面说吧。

# 敦煌三家巷

好了，现在要说说最底层的老百姓了。有学者说要写人民的历史，我认为，用心是好的，执行是难的。原因非他，有材料吗？没有材料，如何做出饭菜来？其实我们的老祖宗早就说过，世界上只有三件事是不朽的，即所谓的立德、立功、立言的"三不朽"，三不朽也就是"三立"。我想了一下，这当然是从好的方面说，如果笼而统之，则还有如同《三国演义》中曹操所说的"遗臭万年"者，至于"朽"与"不朽"，又是另一回事了。于是，除了帝王将相，要从老百姓那里挖出点东西来，难之又难。而敦煌吐鲁番文书的出土，竟把当时当地老百姓的大量东西都留下来了，这正是老天爷的恩惠呀。

于是，这里要来看看民间的胡化婚姻形态了。我检索到的胡化婚姻形态有三家，我就把这节文字戏称为"敦煌三家巷"。

金钥匙漂流记

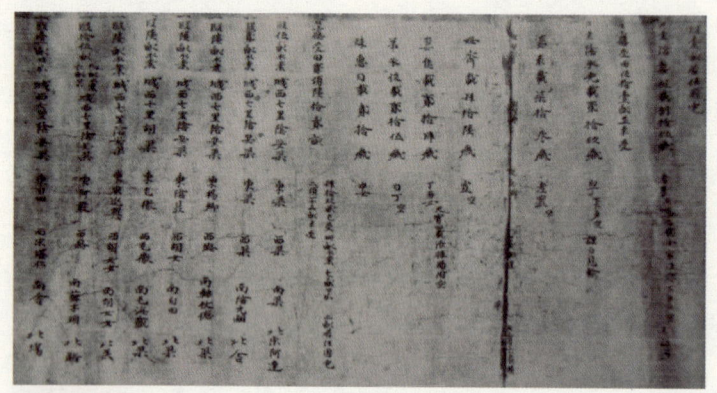

**敦煌文书户籍**

隋唐时期,政府控制老百姓的手段中非常重要的一种是户籍制度。凡是老百姓的人口年龄身份地位地产赋税徭役等等,都得登记在"户籍"中,而三年登记一次的"户籍"的基础就是每家每户老百姓自己申报的"手实"。这样的"户籍"和"手实"就在敦煌吐鲁番的文书中留下了一些。

人们便也根据这些材料进行各种研究,我却在读这样的文书过程中,发现了"胡化婚姻"在民间的痕迹。尽管是蛛丝马迹,但通过分析还是能看出名堂来的。先看第一例。

这是一份唐大历四年(769)沙州燉煌县悬泉乡宜禾里手实,手实中的户主是索仁亮,三十八岁,他是一个折冲府的副将。根据手实记载,他曾祖父叫"守",祖父叫"济",父亲叫"楚"。他的户主身份的获得原因是"代兄承户",即他的兄长索思楚已经死去,于是他便成了户主,如果活着,索思楚应该是七十五岁。当然,索仁亮还有一个寡嫂姓宋,当年已经七十岁了。这些记载都没有问题,但再看索仁亮的侄子索元晖时,却发现有点蹊跷了,这着实让我兴奋了一阵。

我发现索元晖年龄为二十九岁,他的"故父"就是索思楚,而在他的档案中,曾祖父叫"守",祖父叫"济",父亲叫"楚",与他的叔叔索仁亮竟然完全一样——我这样说不是很清楚,列一个表吧。

**索氏叔侄世系比较表**

|  | 曾祖 | 祖父 | 父亲 |
| --- | --- | --- | --- |
| 叔索仁亮三十八岁 | 守 | 济 | 楚 |
| 侄索元晖二十九岁 | 守 | 济 | 楚 |

当然,索元晖还有一个亡故的兄长叫索元亮,活着的话应该是三十五岁了。

还可看到,索思楚比索仁亮大三十七岁,而索仁亮只比索思楚的长子索元亮大四岁。兄弟年龄差异大而叔侄年岁接近也并非不可能,关键在于手实正文中,索思楚为索仁亮的兄长,而在索仁亮的档案中却变成了父亲。假若索仁亮之父"楚"与思楚并非一人,则比照索思楚儿子索元晖的世系,索思楚亦应为索仁亮之父行辈而非兄弟辈无疑。在同一手实中,竟然出现如此矛盾之记载，不得不说，这是婚姻胡化的结果，即索思楚妻其小母（继母），亦即思楚与他的父亲济（索仁亮之祖）之小妻（继妻）结合生出了索仁亮的缘故。

这样，从父系推算，索仁亮与索思楚为子父关系；从母系看，由于索仁亮之生母为其祖之小妻（继妻），则两人又为兄弟行了。只有作如是观，索仁亮户之昭穆矛盾才能迎刃而解。即此户为报母婚这样的胡化婚姻形态。

三家巷中的第二家是唐天宝六载（747）燉煌郡燉煌县龙勒乡都乡里籍中的杜怀奉户。这里可发现户主杜怀奉与他的侄子杜崇真的档案记载也是矛盾着的，列表即是：

**杜氏叔侄世系比较表**

|  | 曾祖父 | 祖父 | 父 |
|---|---|---|---|
| 叔杜怀奉四十五岁 | 开 | 苟 | 奴 |
| 侄杜崇真三十七岁 | 开 | 奴 | 头 |

杜怀奉与他的侄子杜崇真之世系排列存在着明显的矛盾。观表可知，杜怀奉之世系为奴、苟、开，而杜崇真之世系却是头、奴、开。两相对照，杜崇真的世系竟然脱去了"苟"这一序列而"开"的辈分却降了一等，其中的奥秘何在呢？这种情况显然与索仁亮户不一样。我进行了多种设想，终于发现解开此一谜案的关键在于杜怀奉的父亲、杜崇真的祖

父"奴"是谁所生,也就是"奴"为"开"的儿子,抑或是"苟"的儿子的问题。杜怀奉的父亲"奴"与杜崇真的祖父"奴"无论为同一人抑或为二人,都脱不开"苟"这一环节。但假若有"苟"的父亲"开"以他的儿媳为妻子而生出了"奴",情况又怎样呢?倘使站在"奴"的立场,若从母系看,"奴"为"苟"的儿子,若从父系看,则"奴"又直接上承于"开"而绕过了"苟"的序列。如此,杜怀奉和杜崇真的世系排列有这样的矛盾和结果便也毫不足怪,因为它本身就是胡化婚姻形态中翁媳婚下的产物。

第三户的户主叫曹思礼,与杜怀奉同乡同里,户籍也是天宝六载的。列表如下:

**曹氏叔侄世系比较表**

|  | 曾祖父 | 祖父 | 父 |
|---|---|---|---|
| 叔曹思礼五十六岁 | 高 | 廓 | 琮 |
| 侄曹琼璋二十二岁 | 高 | 廓 | 建(德建) |

这里的矛盾在叔曹思礼与侄曹琼璋的曾祖父、祖父竟完全一样。在这样的情况下,只能假定曹思礼父琮婚其小母(户籍上无其名,这里的"婚",不论是娶为妻也好,或目之为乱也好)而生产了德建,情况如何呢?如此,则德建若从母系看,为廓之子;若从父系看,思礼又为其弟,琼璋也就

自然而然地避过琰而挑廓为其祖了。这样，曹琼璋和曹思礼之昭穆混乱也就可以澄清了。也就是说，曹氏一家又出现了胡化的报母婚形态。

李氏皇族"闺门失礼"，乃是因其源出夷狄之故。敦煌索、曹、杜三姓，其族属源流又如何呢？

杜、索皆为中原汉族之显姓，尤其是索氏，更为敦煌之大族。敦煌出土之数种氏族志残卷及文献都以索姓为敦煌之首望，颇类似于中原的四姓王谢袁萧之类。

而曹氏亦为中原之显姓、敦煌之大族。时隔一百六十年，沙州归义军曹氏便自称是谯国曹姓之后而称王河西数郡。但这种自托殊为可疑，犹同碎叶李白自称皇族支流一般，也说不定。敦煌聚居之粟特人后裔当为不少。曹思礼户或为粟特九姓胡。

而在开元中期（723—727）去天竺巡礼的新罗僧慧超在《往五天竺国传》中记载，大食以东，有安国、曹国、史国、石骡国、米国、康国等胡国。这些个胡国"极恶风俗，婚姻交杂，纳母及姊妹为妻。波斯国亦纳母为妻"。

但敦煌毕竟是一个以汉人为主体的社会，虽有"焉耆的龙姓，龟兹的白姓，鄯善的鄯姓，吐火罗的罗姓，昭武诸国的康、米、安、石等姓"都在敦煌文书中出现，仍然改变不了这种状况。因此,敦煌出现的这种胡化婚姻状态,只能归结于文化习俗的交流和冲击。

敦煌南接吐蕃、吐谷浑、羌,北抵突厥、回纥,西为西域各国,南、中、北三道又"总凑敦煌,是其咽喉之地"。这样的地理形势,使得"如匈奴、鲜卑、乌桓、夫余、羌、吐谷浑、突厥等皆如此"的"父死而妻后母,兄死而妻嫂,固为北方民族颇为普遍之风习"影响了汉族,遂出现了胡化的婚姻形态。

人们论及唐朝胡化之婚姻形态,往往纵向考察较多,这固然不错,殊不知在唐朝开放之政策下,汉胡的婚姻形态在横向上也有着深刻的影响和联系,敦煌索、曹、杜三户之婚姻状况可说为平民百姓之代表。而世称大族中人之裴行俭也有胡化婚姻的迹象,这就使人们大为惊讶了。

## 突厥的世系为什么搞不清

突厥,作为少数民族的一支,由于史籍记载的不一致,突厥民族可汗的世系往往呈现出扑朔迷离的形态。许多突厥史研究者都为廓清这氛氲的迷雾做了大量的工作,其中虽不乏真知灼见,但囿于常规的思考方法,总的效果似乎并不见佳。我于突厥史研究毫无素养,但既然论证了汉族的胡化婚姻形态,便不妨反馈于突厥可汗世系,看看他的世系到底是怎么样的。

记载突厥世系的史籍有魏徵领衔撰写的《隋书》、李延寿等所著《北史》、令狐德棻等所著《周书》和杜佑所著《通典》。这四本书都是唐代

暾欲谷碑(李锦绣摄)

第三章 胡化婚姻竟如何

写的，魏、李、令狐三人都是唐初人，杜佑是唐中后期人。但所能看到的突厥世系，却有两种不同的记载。我把它们列成两张表，再做分析。

**《隋书》《北史》突厥世系表**

| 第一世 | 第二世 | 第三世 | 第四世 |
|---|---|---|---|
| 土门 | | | |
| 逸 | 摄图 | 雍虞闾 | |
| | 处罗侯 | 染干 | 咄吉世 |
| 俟斗 | 大逻便 | | |
| 佗钵 | 庵罗 | | |

**《周书》《通典》突厥世系表**

| 第一世 | 第二世 | 第三世 | 第四世 | 第五世 | 第六世 |
|---|---|---|---|---|---|
| 土门 | 逸 | 摄图 | 雍虞闾 | | |
| | | 处罗侯 | 染干 | 咄吉世 | 什钵苾 |
| | | | | 俟利弗设 | 奥射设 |
| | | | | 咄苾 | |
| | 俟斗 | 大逻便 | | | |
| | 佗钵 | 庵罗 | | | |

这两张表并不完整，仅为主要部分，比如摄图有弟褥但可汗，有第七子窟含真等均未列于表内。关键是土门和逸可汗及俟斗、佗钵兄弟的关系，我仅以逸可汗为例。

183

观表可知，《隋书》《北史》将两人列为兄弟关系，《周书》《通典》则列为父子关系，孰是孰非呢？有的史家根据一些记载中处罗侯说过，在土门可汗以后，突厥风俗"多以弟代兄"。言外之意，在此之前则似乎并未出现此种情况，所以土门和逸可汗应该是父子关系。但另有一些史家说，摄图也说过"我父伯以来不向人拜"的话，由于摄图的父亲是逸可汗，所以他说的伯父就是土门可汗——土门与逸是兄弟。说来说去，还是分辨不清这两人到底是兄弟还是父子关系。

假若光从矛盾的记载中寻觅正确的答案，恐怕永远也纠缠不清；但假若转换一个角度，从婚姻形态方面考虑，则其关系也许便可以明了。其情形正如同我们上面所分析的索仁亮、索思楚既为兄弟又为父子一样，很可能是土门娶其群母的结果。而之所以有如此混乱的记载，乃是汉族文人以父系计世的眼光看待突厥民族以母系计世的缘故。而这种试图把记载的矛盾统一于父系计世的推论只能聊备一说，显然是局促和勉强的。假如把这种矛盾的记载归结于婚姻形态，统一于母系计数，则情况就会好得多。

上面提到的敦煌户籍中的过继婚和裴行俭的胡化婚姻，都有从母系计数的现象，反观突厥世系，恐怕也是类同的。

这里有一个很好的故事足以说明这个问题。唐朝有一个

## 第三章　胡化婚姻竟如何

叫郑綮的人写过一本《开天传信记》，其中有一则故事道：安禄山这个后来的叛逆者，生性乖巧，善于逢迎，深得唐玄宗信任与喜爱，因而把他认作义子，"呼之为儿"。但乖巧的安禄山在一件事上却执拗得很，比如唐玄宗和杨贵妃在一起的时候，他"不拜上"，却偏偏"拜贵妃"。如此，玄宗当然得生闷气。于是安禄山的乖巧精明劲就表现出来了，他知道唐玄宗不舒服，便解释说，不拜唐玄宗的原因竟在"胡家不知其父，只知其母"。这倒也很有道理，安禄山本为昭武九姓，当然是胡——看起来，安禄山是个讨皇帝开心的高手，他欲擒故纵，卖个破绽让唐玄宗高兴高兴罢了。唐玄宗当然乐了，这看似无理的话却实在是真情——玄宗也是很了解胡化婚姻形态的哟。而从其中可读到的信息就是：只知其母而不知其父的结果便是世系只能从母系计。

如果再看看突厥的婚姻习俗，则发现他们还有以无血缘关系的"祖母"为妻的习惯。这里又要提到高昌王国了。史籍记载，高昌国的老国王麴坚去世，他的儿子麴伯雅作为新国王上台了。当时的高昌王国可是被突厥牢牢地控制着的，实际上是个傀儡政权。于是突厥便逼迫麴伯雅"依其俗"，即以突厥的婚姻习俗娶"大母突厥可汗女"。麴伯雅先是宁死不屈，最后不得不从。什么是大母？告诉你吧，就是祖母！

而在突厥本土，也能看到这样的习俗。6世纪中叶，漠北高原上突厥崛起，中原的北周北齐政权都要依傍突厥，于是北周就把千金公主嫁给了土门可汗，以取得突厥的支持。千金公主在土门死后，嫁给了佗钵可汗，在佗钵死后嫁给摄图，其后又嫁给处罗侯、雍虞闾。一身而多次地嫁给突厥大可汗，成为突厥的可敦，实在是他们的婚姻习俗就是那样的呀。由此不得不让人联想到，武敏之与荣国夫人杨氏有染，难道也是这种文化的反映？

当然，在突厥婚姻习俗中，还会发现有群婚、对偶婚的现象。

根据社会的一般发展规律，母系氏族公社向高级阶段发展，便有族外群婚和对偶婚的阶段。《周书》上说，突厥"父兄伯叔死者，子弟及侄等妻其后母、世叔母及嫂"，《隋书》上说，突厥"父兄死，子弟妻其群母及嫂"，两

**新疆温泉县出土突厥人石像（陈志坚课件）**

第三章　胡化婚姻竟如何

者虽然都没有明说是群婚的形式,但似乎都包含有这层意思。我们再看突厥世系,自土门以下的四代可汗,都有"兄终弟及"与父死子妻其母,兄死弟妻其嫂的现象,有的甚至是从兄弟,若以此论之,则似乎群婚和对偶婚的残余都保持着。

唐太宗灭东突厥的时候,曾经打算把突厥部众置于河南。当时,大臣窦静以为这样的措施不好,他提出的理由是,"臣闻夷狄者同夫禽兽,穷则搏噬,群则聚麀云云"。这是对"夷狄"的歧视,当时的人们有这样的歧视也不能苛求他们,但从窦静的口中说出这样的话则让人掩口而笑。他能把自己轻轻地撇开,但他能撇得开一百多年前,他的祖宗也经历过这样的历史吗?什么是"聚麀"?聚麀就是群婚!

唐玄宗时代还有一个叫崔令钦的人,写过《教坊记》。教坊是唐朝宫廷教授歌舞的机构,活泼的少女们在这里学习歌舞,看起来很是快活。学习之余,她们在这里还自由组合,组成了一个个的小团体。让我们感受一下她们鲜活的气息吧:坊中的少女们气类相似,便结成了"香火兄弟",有的多达十四五人,少的也有八九人。有少男与坊中之少女定下婚约,那少男便被小姑娘们用妇人的名义相称呼,少女们年长的为兄,见到此少男呼为"新妇",年少的自是为弟,见到此少男则呼为"嫂"。假若少男也在宫中任职,时或相遇,才及于门,车马相逢,同香火的少女们便拦着车马,掀开车帘,"阿嫂""新妇"叫个不停,甚是热闹。少男的同僚们看到这样的情况,觉得奇怪,问及少男,少男笑而不答。不但如此,还有更怪异的呢,少男既与少女定亲,同香火的"兄弟"都会与少男相约相亲。她们说,我们这是学的"突厥法"。她们还开诚布公地讲,我们兄弟互相"怜爱",能分一杯羹是很自然的事呀,有什么大不了的?这样的状况,与少男订亲的少女即使知道了也不妒忌。当然,这仅限于同一圈子的香火兄弟,若是其他圈子的,就不能互通有无了。

她们的游戏很是有趣,都是女人,却"约为香火兄弟","香火兄弟"中有与少年男子定亲订婚的,这少年男子便被称作"新妇"与"阿嫂",当然,圈子里的便是"兄弟"了——怪不得少男的朋友们"殊为怪异"了。

这样的游戏在观念上与清朝李汝珍所写的小说《镜花缘》女儿国颇为相似,女儿国的现状是乾坤颠倒,一切都翻了个儿:女人穿靴戴帽作男人状,男人则穿裙戴花作女人状。或许,这是小说作者读了《教坊记》后的一种灵感,一种调侃?

但教坊中的少女们还不单单是限于虚拟世界中的游戏,她们还有实际行动,对于这样的"新妇"与"嫂",小团体内的"兄弟"们可以说是资源共享,互相"怜爱",而作为主角的少女,"知亦不妒"。至于其他团体的朋友,则当然不能共享资源了。看起来,这样的团伙还不少呢。这就是"突厥法",这就是突厥族群在当时发展阶段中的群婚及对偶婚的一种反映。

这不禁使我想起了唐太宗与突厥突利可汗之间的"香火"盟约,莫非也含有这样的意思不成?于是,我便还要说一说,即使扯远一点也在所不惜。

武德七年(624)八月,突厥可汗颉利与小可汗突利连营向唐进犯,兵至豳州(今陕西旬邑),唐太宗行反间计,在两军阵前遣骑士对突利说了以下这番话:"尔往与我盟,急难相救,今将兵来,何无香火之情也?"实际上,这是唐太宗的计谋。在此之前,唐太宗似乎并未与突利有香火之盟,不管怎么说,效果相当不错:颉利猜疑突利了,突利真的"自托于太宗,愿结为兄弟"了?最后,突厥退兵了。这就是"香火兄弟"。史家说,在胡人看来,既为香火兄弟,就是同一部落,同一家子的了,一家人患难相助,休戚与共就完全是应该的,于是,即使唐太宗、突利他们这种香火兄弟,也就有《教坊记》中的"兄弟怜爱"的意义在的。

我们再看下去。玄武门之变后的武德九年(626)七月,颉利可汗独自率兵进攻大唐,兵至渭水北岸,而突利未至——这是否为"香火兄弟"的原因,不得而知。隔岸相对,形势对唐太宗相当不利,而唐太宗责以负约,"其酋帅大惊,皆下马罗拜",最终,太宗许以和亲,给以玉帛,化解了一场危机。而颉利与唐太宗也结成了一种盟约关系。酋帅罗拜,你知道是为什么吗?太宗是老大,在兄弟圈中的地位极高,其他都是小弟级别的,他们的地位不可同日而语。而当贞观四年(630),唐大将李靖、李勣俘获颉利,而"西北诸蕃咸请上尊号为天可汗",那是老大地位的升级——这些都是香火兄弟在政治上的反映,它与社会形态也是紧密相联的。

当然,突厥社会在进步,其婚姻形态也在进步(其中也必当有汉族的影响),因此其婚姻形态的混杂不足为怪,但我们也不必否认这母权制残余的牢固保持。

这样的结论似乎荒诞不经,但其实是荒诞无有,不经却实。汉族婚姻和胡族婚姻本属不同的文化圈子,汉族史家往往以固有的以父系计世的眼光看待突厥的以母系为主的婚姻形态、计世方法,载在史籍上,两者混淆在一起,便出现了非驴非马的现象。即以史学工作者的研究来说,囿于成规的方法不是也占着主导地位吗?我想,在当时突厥人的眼光中,那该是十分正常而又自然的事。

# 另类和亲夷狄女

胡化婚姻的现状与原因既同上述,现在就要说说另类和亲,即少数族群的"公主"通婚外族的问题了。

这里有一个很有意思的事件,还是与武则天有关。这倒并非全是因为武则天的"明星效应",而是此一事例最具典型性,极有说服力,可做分析比较。于是,这里也就以此为由头展开下文的故事吧。

东突厥势力在唐太宗贞观四年(630)被压下去的半个世纪后,突厥第二汗国兴起了,这正是从唐高宗向武则天过渡的时期。在此一时期,中原政权以主要精力与东北的契丹、西北的吐蕃周旋,对于突厥则基本采取怀柔利用的政策。

就在这样的形势下,武周圣历元年(698),突厥可汗默啜上表,请求与武则天结成母子关系,"并言有女,请和亲"。同时,要求将现在黄河河套以及以北一带地方的突厥降户归还汗国,还要求武周给以种子农器等。鉴于当时的形势,武则天答应了默啜的请求,并准备以武承嗣之子、她的内侄孙淮阳王武延秀迎娶突厥女为王妃。

对于这样的决策,凤阁舍人张柬之极力反对,认为"自古未有中国亲王娶夷狄女者"。凤阁舍人就是中书舍人,五品官,官品虽不高,但主笔起草中央文件,参与机密,地位显赫。而张柬之这个人,很受在则天朝当过宰相的狄仁杰、姚崇等器重,狄仁杰对他的评价是"卓荦奇才",而姚崇说他"沉厚有谋,能断大事",他们都曾推荐过张当宰相,尽管张的年事已高(625—706)。如果从结果看原因,可以感觉到,张柬之之所以反对武延秀当突厥女婿,或许有防范武氏家族势力膨胀而形成尾大不掉之势的意思在,也就是说,张柬之是着意地维护武则天夫家即皇室李氏家族的利益。而从其后的情况看,

《阙特勤碑》,阙特勤是突厥第二汗国骨咄禄可汗次子默啜可汗之侄

第三章　胡化婚姻竟如何

704年当上宰相的张柬之在第二年就发动政变，软禁武则天，扶植唐中宗复辟，背叛了武则天——应该也是基于这样的考虑。如此说来，把狄仁杰、姚崇看成是武则天的死党，恐怕是言过其实了。此是另一个话题，此书先不提。

不过，张柬之反对武延秀做突厥女婿的举动无效，武延秀便到突厥地方去迎亲了。没想到的是，默啜可汗并不承认武延秀，他说："我女拟嫁与李家天子儿，你今将武家儿来，此是天子儿否？我突厥积代已来降附李家，今闻李家天子种未总尽，唯有两儿在，我今将兵助立。"武延秀等就被扣押在突厥，这一扣就扣了六七年，扣得武延秀的突厥话、突厥舞都十分熟练。

于是，接下来就转入另一个话题，讨论一下史实真是像张柬之所说的那样"自古未有中国亲王娶夷狄女者"吗？

在张柬之说此话之前的历史中，我并未查获亲王娶夷狄女的事实，但却有间接证据在，而这样的间接的材料也是非常有力的，原因即在，即便贵为中原王朝之天子，也有娶"夷狄女"的事实。

突厥是在6世纪中叶兴起的，在此以前，统治蒙古高原的是柔然汗国。柔然既灭，突厥势力便"尽有塞表之地，控弦数十万，志陵中夏"。而中原地区，南北对峙，北方又是北周、北齐争衡。当此之时,北周北齐都交好突厥,欲结以为援,以在抗争中占得上风。其手段便是想方设法用尽计谋成为突厥的女婿,于是,这里就看到了双方争娶突厥公主的有趣场面。

最先提出这个动议的是西魏政权的实际控制者,后来被尊为北周太祖的宇文泰,他早在555年之际就看到了突厥力量的强大,想要娶突厥俟斗可汗的女儿,但或许是由于北齐的挤兑,此次的行动并没有成功。时隔十年,已然成功转身成为北周皇帝的宇文邕(宇文泰的儿子)经过百般努力,终于把突厥公主娶到了手,但其间之艰辛,非常人所能想象。

史籍记载,宇文邕即位前后,数次遣使请婚,终于得到应允。于是,在565年,北周高规格迎亲团以陈国公宇文纯、许国公宇文贵、神武公窦毅、南阳公杨存为正副团长,"奉备皇后文物及行殿,并六宫以下百二十人",到漠北高原俟斗牙帐迎请突厥公主。然而好事多磨,俟斗可汗欲一女二嫁,在北周迎亲团到达以后,俟斗"又许齐人以婚,将有异志"。这可苦坏了迎亲团,"宇文纯等在彼,累载不得反命,虽谕之以信义,俟斗不从"。幸好老天爷眷顾,"会大雷风起,飘坏其穹庐等,旬日不止。俟斗大惧,以为天谴,乃备礼送后及纯等,设行殿、列羽仪,奉之以归"。但突厥公主到达长安时,

第三章　胡化婚姻竟如何

离迎亲团出发已经相隔三年了。

这样的和亲，代价极大。"（北周）朝廷既与和亲，岁给缯絮锦彩十万段，突厥在京师者又待以优礼，衣锦食肉者常以千数。"北齐政权也不敢怠慢，"齐人惧其寇掠，亦倾府藏以给之"。而大得其利的则是突厥，继为突厥大可汗的佗钵就说过这样的话："但使我在南两个儿孝顺，何忧无物邪。"

北齐、北周二政权天子争相和亲突厥之事实，于此等文字中便约略可知。天子况如此，亲王又何言？以此言之，张柬之说的不一定准确。

土拉河，是突厥民族重要的活动区域

还可以深入探讨的则是突厥可汗佗钵说的话。佗钵本是俟斗之弟，他继承其兄之遗产，将北周武帝视作"儿"顺理成章，但对于仅仅求娶突厥女而未成的北齐君主也看作"儿"，则使人有些诧异了。原来，这与突厥发迹以前的主人柔然大有关系。

史籍记载，突厥兴起前是柔然之"锻铁奴"。当东西魏分裂时，双方的政权掌握者都与当时的漠北霸主柔然民族拉过关系，而东魏则有高欢结亲柔然公主之事。

史称，西魏与柔然通和，将向东魏发起进攻，东魏的当权者高欢深以为忧。为解此危机，遂遣杜弼为使赴柔然为其子求婚。但柔然主阿那瓌说，若须迎娶其女，必须是高欢本人。高欢犹豫良久，不得已而答应，于是高欢就迎娶了柔然公主。随公主到中原的还有阿那瓌之弟，临行时，阿那瓌对其弟说："待见外孙，然后返国。"高欢的原配夫人娄氏"深明大义"，退避侧室；高欢则小心侍奉柔然公主，如履薄冰；柔然公主呢，也很不愉快，史籍对她的处境遭遇仅用一句话来概括："公主性严毅，一生不肯华言。"这个柔然公主的痛楚可以想象——她能幸福吗？政治婚姻的残酷于此可见一斑。待到高欢去世，其子高澄也是从柔然国法，"烝公主产一女焉"。

## 第三章 胡化婚姻竟如何

看起来，继承了柔然遗产的突厥，照样可以将北齐皇帝看成是自家子婿。于是便可看到，无论东魏北齐，还是西魏北周，在东西对峙的局面下，在周边民族强大的过程中，都有过和亲"夷狄"的屈辱过程。依傍柔然，北齐强大；依傍突厥，北周强大。北边前后形势之变化关键在此矣！

和亲夷狄则须受夷狄控制，根本的原因在于力量的对比。然而从"胡化婚姻"的角度上看，则在于社会文化观念发展受社会形态进步状态的影响。它亦应是周边民族在社会发展史上母系占主导地位的一种历史反映。佗钵说的"但使我在南两个儿孝顺，何忧无物邪"是有着深刻的社会背景的。

而从反面看，则更能加深我们对此种关系之理解。这样的材料太多了。唐太宗既灭突厥，漠北高原薛延陀部族强盛起来，真珠毗伽可汗求婚太宗，太宗不愿意看见薛延陀的强大，口头同意，但实际上却违背了约定。唐朝的臣子深以为"不可失信于蕃人"，但唐太宗振振有辞，以为："如果现在把女儿嫁给薛延陀，真珠毗伽就是大国的女婿，增崇其礼，深结党援，杂姓部落更尊服他了。薛延陀等哪里知道什么恩义，稍不得意，勒兵南下，这就是所谓养兽自噬也。今不许嫁女，使命简略，各姓部落知道后，必定会弃之而去，他们争击薛延陁也是指日可待的。"

实际上这就是权利与义务的关系问题。既成子婿，则宗主国有保护附属国的义务，而从权利上说，则子女玉帛尽为宗主国所有。

隋与突厥也有这样的关系。隋之千金公主嫁给突厥可汗，突厥可汗沙钵略写信给隋文帝，其中就提到："皇帝是妇父，即是翁，此是女夫，即是儿例，两境虽殊，情义是一。"又说："此国所有羊马，都是皇帝畜生，彼有缯彩，都是此物。彼此有何异也。"隋文帝报书称："既是沙钵略妇翁，今日看沙钵略共儿子不异。"这样的社会现状与观念，应该是人所共知的。

非但是中原王朝，"夷狄"与"夷狄"之间也存在着这样的关系。隋炀帝时，"康国王屈术支娶西突厥叶护可汗女，遂臣于西突厥"。娶了叶护可汗女，便成了附属国，这当然有力量强弱的问题，但从形式上则成翁婿关系。

高昌麴氏王朝又何尝不是这样的关系呢？再说得远一点，下一章中要提到的唐朝割据的幽州节度使朱滔与回纥女的婚姻关系也应含有这样的性质。

一个极端的例子则在唐朝的玄宗时期。当时西北的苏禄部落，是突骑施部族别种，与唐交好，唐玄宗以金河公主妻之。其后，苏禄"潜又遣使南通吐蕃，附突厥，突厥及吐蕃

## 第三章 胡化婚姻竟如何

亦嫁女与苏禄"。突骑施苏禄面对强大的三大邻邦——唐、突厥与吐蕃,谁都不敢得罪,于是便成三国女尽为可敦这样的局面。

回到武则天、武延秀的故事上来吧。默啜扣押武延秀后,连年向内地进攻,但最终未能伤及武周之元气,不得已重提和亲旧事。当时,默啜可汗派遣使者到京都,请以突厥公主嫁给皇太子之子。则天皇帝令太子的两个儿子在朝廷与使者会面。嗣后,默啜可汗又派遣使者献马千匹以及特产以表感谢和亲之意。武则天设宴招待,重赐回报遣送。

当此之时,武则天做出了重大让步,同意以李氏子孙和亲突厥。其原因,我意以为:一则向突厥宣告李氏嗣贰地位之确定;二则默啜以女出嫁是以求为武则天之"子"为前提的,关系上自无武周王朝屈辱之说;三则此事毕竟只是观念上的事,对于父权长期占统治地位的中原王朝而言,其社会意义并非如周边民族观念上之重大与强烈。

经过如此"和亲",至长安四年(704),被拘留多年的武延秀得以从突厥汗庭返回了长安,张柬之也当上了宰相。而到武则天下台后,默啜先"寇灵州鸣沙县",后又"进寇原会等州,掠陇右群牧马万余匹而去",中宗最终"下制绝其请婚"云云——武则天和亲突厥最终没有成功,或许,这也是她的本意所在吧？

另类和亲固然在于"北狄风俗，多由内政""嫁娶无礼，尊卑无次，妇言是用，男位居下"，造成了女强男弱的局面，还在于女性为维护母系计世的权威而进行的努力。这可完完全全是胡化婚姻造成的局面。

可看到，唐时的胡化婚姻形态有这样几个特点：首先，从社会阶层来看，非但李唐皇室受其影响，就是平民百姓也被其浸染，甚至名门世族也受其冲击；第二，从地域来看，从西北边地的敦煌至中原的河东都有胡化形态婚姻的存在；第三，从胡化婚姻的各种形态来看，叔嫂婚、报母婚、翁媳婚都充分地表现出来了；第四，历史地考察这一问题，便可发现，唐时的胡化婚姻形态非但有历史的渊源（纵向），而且也有现实的基础（横向）。

对于突厥可汗世系问题，我以为应当辩证地看。若以突厥世系以母系计而又有群婚、对偶婚的残留为原则分析，则扑朔迷离的情形便可以廓清。而之所以突厥可汗世系有不一致的记载，则在于史家文人以汉族固有的父系观点看待、处理的缘故。此外，另类和亲与胡化婚姻也是密不可分的。

## 第四章

## 金钥匙漂流记

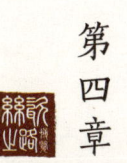

这是8世纪后期有关城门钥匙即城市控制问题及中西文化在政体层面上的一种对话与碰撞的有趣猜想。题目取"金钥匙漂流记",很有我的苦心在里面。实际上,即使在写完这一章节时,我心中的底气依然不足。我要述说的"金钥匙"能作为一种政体的表象吗?如果能成立,那么,作为城市控制表象的"金钥匙"的"漂流"是从东到西,还是从西到东呢?我虽提出了一种意见,但还是不自信,于是乎,我便用讨巧的方法,让它"漂流"起来了。

# 金钥匙出现的背景

当然，我关于"金钥匙"的猜想应该是非常有趣的，并且我以为也具有重大的历史现实意义。试想，在公元前2世纪后期，汉武帝派遣张骞通西域，进行了革命性的"凿空"以后（实际上，依据现今史家的研究，张骞"凿空"以前的很长一段时间内，中外的交流就一直存在着，并且，不单单有丝绸之路，还有玉石之路、皮毛之路、青铜之路、彩陶之路，如此等等），一直到19世纪，中外双方的交流不仅有物产的传播，还有思想的沟通和制度的借鉴。可以说，大凡衣食住行的交流无处不在，而风俗礼仪、宗教艺术、科学技术等之交流也是不胜枚举，语言符号、风俗习惯等的借鉴也随处可见。但人们是否注意到，中原帝国的大一统专制集权的政体与所谓的希腊城邦制国家政体之间可有过交集？而正是通过"金钥匙"的漂流，我们看到了唐代中期以后，城邦制

## 第四章　金钥匙漂流记

那样的政体曾经在中国也有过一种体验，尽管那是与大一统及中央集权背道而驰的，但它毕竟存在过。而由于中国古代的政治结构、经济结构、社会结构、文化结构等，是自成体系的，跟希腊城邦制度大不一样，于是在中国，它的表现形式又是与希腊不同的。基本的东西未变，作为上层建筑的政体总是没有合适的土壤。话虽如此说，但"金钥匙"的漂流总归使我们看到了这样的文化交集，这难道不是非常有趣而带有重大现实意义的事吗？

好，我们现在就来看看"金钥匙"漂流的故事吧。

凡习历史者，无论叙说的事件大小如何，都得先说背景。我这里说"金钥匙"，也是同样的道理，有时尽管烦琐，但还是得说一说。作为城门钥匙的"金钥匙"的概念最初出现的时间是在781年，那正是唐德宗在位的第三年。

说起来，唐德宗在即位之初也是个颇想有所作为的君主。他最初积极进取的态度与他碰壁以后消极的安于现状的态度不可同日而语。我们现在认可他的早期作为主要由于两件事，一是积极防御西面吐蕃势力的强大，二是对东面跋扈藩镇势力的镇压。而这两大问题都与安史之乱大有关系。

我们知道，在唐德宗的曾祖父唐玄宗之时，安史之乱爆发了，确切一点的时间则在755年。安史之乱的头目，先是安禄山，后为史思明，所谓的"安史"即指此二人。据史籍记载，安禄山的母亲为突厥人，父亲则是粟特人，安禄山在当时被歧视而称之为"杂种胡人"。史思明母亲与安禄山母亲属同一族姓，也是突厥人。二人是老乡，从小就生活在一起。

　　这里有一个关于安禄山族姓的故事，不妨说一说。通过这个故事，可以说明当时社会从严格意义上来看，突厥与胡还是有高下之分的。

　　唐玄宗重用的武将多为庶族胡人，除安禄山、史思明外，还有安禄山的族兄（异父异母）安思顺、高丽族人高仙芝、突厥人哥舒翰等。唐玄宗用这些人当然也有他的想法，但在这里就不说了，我们要说的是，安禄山、安思顺、哥舒翰等到长安述职，唐玄宗让高力士设宴招待这些武将。哥舒翰与安思顺有些过节，安禄山想调和一下，便在宴会上与哥舒翰套近乎，说：

**粟特人石雕**

"我的父亲是胡族,母亲是突厥族;您的父亲是突厥族,母亲是胡族。我与您族类类同,为什么不相亲相爱呢?"这本来是很好的话,哥舒翰也听懂了安禄山套近乎的用意,但他不大会说话,说话又直来直去,打了一个不大恰当的比喻,说:"古人云,野狐向窟嗥,不祥,以其忘本也。敢不尽心焉。"他的意思是说,野狐忘记了自己的出身,自己的根本,那是要遭殃的,我一定认真记住这一点。没想到他的话触到了安禄山的痛处,"狐"与"胡"相通,又是野的,便以为这是哥舒翰在讥刺自己,于是便当众发飚,差点动武,最后不欢而散。这也不能全怪安禄山,在当时,说人有狐臭都是讥笑胡人的体肤毛病的。当然,在我们本篇的语言系统中,就不必把突厥与胡分得那么清楚了。

血缘这个东西有时候是搞不清楚的。如果以安禄山的粟特血统论,或许与汉族也有点关系。原因在于粟特人很早就自称昭武九姓人,据他们自己的说法,他们原先住在河西走廊的昭武城,只是秦汉之时,由于匈奴的压迫,不得已西走中亚地区的两河流域(今阿姆河、锡尔河流域),为示并不忘本,遂自称昭武九姓。这倒使我们想起近代陕西人因战乱迁徙到中亚哈萨克斯坦,仍自称为"东干人"的故事,真可谓历史有惊人的相似之处。但实际上,粟特人的自称,我们也不必当真。比如，自称为黄帝苗裔的匈奴人就与炎帝黄帝并无关系，粟特族（昭武九姓）如果依据现在史家的研究也是这样的。

安史之乱的最后平定，经过了唐玄宗、唐肃宗、唐代宗三代皇帝八年的努力。其中的曲折变化，这里可以不加理会，但从此以后，大唐王朝虽不能完全说是一蹶不振，但强盛不再应该是事实。安史之乱留给大唐帝国的最重大后遗症有二：其一为吐蕃的兴起，导致大唐王朝版图大大缩小；其二即为东方藩镇割据，导致大唐王朝作为中央政府的权威不再。

由于平叛的需要，唐朝防御西北边境的军队抽调回内地，导致边防空虚，吐蕃乘虚而入，唐帝国在河西走廊以及以西的西域地盘丧失殆尽。到唐德宗即位时，朝廷非但不得不在长安西边的关中地区驻扎重兵以防吐蕃，而且，每年（秋天）还得抽调内地兵员到西边"防秋"才能维持局面。

而唐德宗面临的另一大问题就是藩镇割据了。安史之乱的平定可以说是唐王朝借助蒙古高原上回纥部族的力量才得以实现的。当唐代宗最后平定叛乱时，一是思想深处唯恐出现前门驱虎后门进狼的不利局面，另一方面也由于唐朝廷在战争中元气大伤，无力一举尽数歼灭叛乱集团的残余势力，不得不做出妥协，于是便也承认安史集团中的一些降将实际上占据河北地区的现状。这样,便出现了所谓的"河朔三镇",即魏博(治今河北大名)、成德(治今河北正定)、幽州(治今北京)镇。这河朔三镇便成为了割据之政权,"既有其土地,又有其人民,又有其兵甲,又有其财赋",形成尾大不掉的局面。而原先效忠于朝廷的一些中原诸镇(节度使),也有背离中央、效法河朔三镇而分裂割据的。在唐德宗之时,就有今山东河北地区的淄青镇(治今山东东平)、河南地区的淮西镇(治今河南汝南)等。河朔三镇成为心怀野心的割据势力的榜样,一有风吹草动,他们就蠢蠢欲动。

当然,就河朔地区而言,这样状况的产生还有一种历史渊源。自隋唐以来,河北北部幽州一带就杂居着许多契丹人、奚人、粟特人等少数民族及成建制的部族。唐太宗打败突厥以后,又迁徙许多突厥人在这一带居住,以后又有高丽人、新罗人迁徙到山东河北一带,于是形成胡汉混杂居住的局面。这些"胡人"的习尚与汉人不同,有时便会有矛盾产生,政府的处置有时也并不得当。而安禄山正是利用这点拉拢当时的少数民族上层,作为反叛的中坚力量。史称安禄山于天宝十三载(754)叛乱前,一次提拔奚和契丹族两千五百人任将军,而安史之乱时,当地竟有视安禄山和史思明为"二圣"的现象——这就是史家陈寅恪先生所称的"胡化"——从这样的状况来看我们要论述的主题，便可知当时中原的一些地区的确有"金钥匙"存在的一定基础。

东西两大势力的存在，使唐朝廷至高无上的地位受到了极大的动摇，中央政府的权威受到了极大的挑战。当此之时，血气方刚的唐德宗在长安即位了。面对东西两大势力，他实在很想有所作为，他心中想的是必须重树中央的权威。于是，趁着河朔三镇之一的成德节度使更代之际，他决计要为扭转这样的局面努力了。

事件原委是这样的。唐德宗建中二年（781，即他即位的第三年），割据成德地区将达二十年的老节度使李宝臣死去，他的儿子李惟岳未经中央同意便自为留后（留后是唐代节度使、观察使缺位时设置的代理职称）。李惟岳的目的当然在于要挟朝廷，继承其父之"遗产"，继续割据，而达成父死子代、世袭节度这样的局面。对于中央而言，这自然是一种严重的挑战，是一种公然的挑衅。对此，唐德宗自然不允。于是李惟岳便公开打出了反叛的旗帜。唐德宗积极应对，调兵遣将，欲一举击灭成德割据势力，并对其他割据势力形成强大的震慑，造成一种杀鸡儆猴的效果。面对中央的军事优势，李惟岳不甘失败，遂联合有着相同命运和共同利益的地方节度使魏博田悦、淄青李纳、山南东道（治今湖北

## 第四章 金钥匙漂流记

襄阳)梁崇义,四家一体,对抗朝廷。这就是历史上的"四镇之乱"。很明显,他们联合反叛中央的目的在于维护割据的世袭特权。

四镇之乱的平定似乎指日可待——梁崇义、李惟岳兵败被杀,田悦、李纳也四面楚歌,形势对于唐政府来说十分有利。但当此关键时刻,平叛的队伍中出现了分裂。一些帮助朝廷镇压叛乱者的方镇内讧了:替代李惟岳为成德节度使的王武俊与幽州节度使朱滔这两镇势力为争夺地盘,不听中央调停而发生了战争,继而他们又纠合在一起反叛朝廷;原已奄奄一息的魏博田悦、淄青李纳也乘势再起。这样,反叛的一方与平叛一方的一部分势力(加上淮西李希烈)便成为"五镇之乱"。说到底,五镇之乱的根本还在于割据,他们有着共同的利益,是忠诚还是反叛,关键在他们的根本利益是否得到保证。藩镇与藩镇之间、藩镇与中央之间,形成了一种错综复杂的关系,藩镇当然争权夺利,矛盾重重,有时甚至兵戎相见,但他们的根本利益一旦受到侵害,则会联手抗击——他们原本就是一丘之貉。

风向逆转了,唐德宗的努力将毁于一旦。眼看着山东(太行山以东地区)危急,唐德宗紧急调动关中之兵前往镇压,未曾想,这支调动的军队也发生了叛乱,关中长安即刻燃起了战火。

发生叛乱的是泾原军,它的治所为泾州(治今陕西泾川)。泾原军是防守唐朝长安西大门的一支重要军事力量,朱滔的兄长朱泚曾经任过泾原节度使。而在任此职之前,朱泚还曾担任过河朔三镇之一的幽州节度使。朱泚的任职泾原亦颇有戏剧性,原来,当唐代宗大历九年(774)时,朱泚受其弟朱滔逼迫,无奈带着一些幽州将士西走长安,以图新的发展。唐朝廷以为他有忠心,遂安置为泾原节度使。但从其后的局势发展来看,这样的安排显然是错误的,唐代宗掉以轻心了,他没有看清朱泚的野心。当泾原兵被征发时,朱泚已经从泾原节度任上致仕(即退休),居于长安城中。一般而言,唐后期凡发兵征讨作战,朝廷都得有赏赐,泾原军于唐德宗建中四年(783)十月过长安,亦当如此。但此时的朝廷,经过数年的战争,国库已空,再也无力进行赏赐。泾原军出长安后发生哗变,折回城中,发动叛乱,拥立朱泚为帝,唐德宗仓惶西逃至凤翔(今陕西凤翔)。这就是历史上的"泾原之变"。

此后,先有朔方节度李怀光援救,其后李又反叛,唐德宗不得不再避走梁州(今陕西汉中)。到唐军最终诛杀朱泚,唐德宗回归长安,已是第二年的七月了。经此变故,唐中央

第四章　金钥匙漂流记

政府对于东方的战事便再也继续不下去了,唐德宗不得不与朱滔、王武俊、田悦、李纳等妥协,不得不承认他们的割据地位,安史之乱平定以后就存在的"河朔故事"便得以延续。这已逸出了本篇范围,我们还是接着说"金钥匙"吧。

## 金钥匙出现了

　　金钥匙的出现与五镇之乱及泾原之变有密切关系。朱泚在长安称帝，欲与其弟联兵，以建成朱氏之天下。朱氏兄弟的联络又引出了关中与山东叛乱势力的交集、朱滔及山东数个割据政权与回纥的关系。当此之时，"金钥匙"便横空而出，而记载此一史实的则是北宋欧阳修领衔编修的《新唐书》。其过程是：朱泚在长安称帝后，派人到幽州，秘密通告关中信息，并令其弟朱滔速向洛阳进发，以占得先机。朱滔拜读其兄朱泚书信，以为其兄既已为帝，兄弟之外还当有君臣名分，遂在使者面前再行大礼，以示臣服；接着，朱滔又发檄昭告天下，历数唐朝廷罪行，并称将发大兵四十万，尽速杀奔洛阳，以与其兄大秦皇帝朱泚会师于大唐东都洛阳之上阳宫，以重振当年安史称帝建立政权之雄风。此外又派出使者王郅游说魏博田悦，与其联合杀向洛阳。与此同时，对于成德王武俊等，则下令他们各以兵五千，跟随自己一起行动，向洛阳进军。朱泚此行，还随身携带了登基称帝所必备的"乘舆法从赦令"。

《新唐书》又载：最初，蒙古高原上的回纥可汗将回纥公主嫁给了东北地区的奚王，以加强对奚族的控制。但在大历末年（779），奚族发生内乱，奚王被杀，回纥公主遂逃离奚地，欲回可汗牙帐，路经幽州地盘的平卢。朱滔得此消息，预先作好准备，以超出礼仪的高规格接待回纥公主，并向公主求婚，公主甚为高兴，答应嫁给朱滔。不久，朱滔又派出使者到回纥可汗处，用女婿之礼节向可汗求婚，可汗见其用意诚恳，遂应允，对于朱滔的厚礼，回报以名马重宝。于是，朱滔与回纥的翁婿关系得以确立。

接着，五镇之乱既已爆发，幽州朱滔、成德王武俊、魏博田悦、淄青李纳即在唐德宗建中三年（782）十一月僭相为王，为取得回纥支持，遂共同献纳四把金

**回纥天公主，敦煌壁画**

钥匙于回纥,并表示:"四国愿听命于可汗,谨上金钥,城门之启闭出纳,唯可汗之所命。"而当建中四年十月前后,朱滔将兵向洛阳之际,又向回纥借兵,回纥遂发骑兵二千。而王武俊在朱滔之前就已向回纥借兵,目的在于用回纥兵阻断王师李怀光之运粮通道,回纥兵未及到达,泾原之变爆发,李怀光赴关中勤王,而王武俊所召之回纥兵经由幽州。朱滔又派出使者劝说回纥首领达干说:"如果能随朱滔渡黄河而南向洛阳,则中原地区之玉帛子女数不尽数,大约均能为回纥所得。"回纥首领达干当然答应了朱滔的请求,准备率兵随朱滔进击洛阳。于是,"金钥匙"在这里出现了。

此段文字所反映的政治军事史上的关系,我们就不想再详细论述了,但其中有关中外交通关系以及民族关系方面的文字却引起了我们强烈的兴趣。朱滔"遣使修婿礼于回纥"之事显然与民族关系相联。这里想重点考察的就是幽州节度使朱滔、成德节度使王武俊、魏博节度使田悦以及淄青节度使李纳等所谓"四国""纳金钥于回纥"事件。我认为,这里的"金钥匙制度"(我们姑且把它称作制度),应该与中外文化的交流有关,如果再深入探究,则此一制度还能折射出古代域外城市之自治对于中原的影响。

## 历史的穿越

朱滔等献于回纥的金钥匙，当然并非真的是作为城门"启闭出纳"的钥匙，它应该具有象征意义。这种象征意义就是这几把金钥匙乃是中原四节度"唯（回纥可汗）所命"，"愿听命于可汗"而表示臣服的物件。在这里，金钥匙应该就是权力的象征。

如果打破时空观念，进行一次历史的穿越，看一看 21 世纪的一则报道，就会发现 8 世纪时具有象征意义的"金钥匙制度"，竟然在现今南美洲的巴西还发生着作用。

我们看到，巴西的里约热内卢，每年都要举行"狂欢节"（Carnival）。狂欢节是随着里约市长把象征管辖权的城门钥匙交到被称作"莫莫王"的"狂欢节国王"手中时开始的。自此，在长达一周的狂欢节中，全体市民将按照自己的方式尽情狂欢。这段时间内，统治里约市的不再是市长而是狂欢王

里约市长把金钥匙给"莫莫"

"莫莫",而"莫莫"统治城市的凭证根据就是"里约城门的金钥匙"。

这里明显可看出"金钥匙"代表着一种权力。这就与朱滔等纳金钥匙于回纥可汗的本意相通了。

但是,关于狂欢节起源的另一种说法是:狂欢节是希腊人的春天节庆。公元前7世纪,古希腊就有了大酒神节,酒神就是狄奥尼索斯(Dionysus),他同时也是葡萄酒之神、狂欢之神和艺术之神。在酒神节上,人们祭拜酒神狄奥尼索斯,吟唱"酒神赞歌"。人们也会竞相打扮成狄奥尼索斯,坐着船形的花车,随着喧闹的游行队伍进入市镇中心。这个传说把古希腊酒神节与现代巴西狂欢节联系了起来,但这里并没有

## 第四章　金钥匙漂流记

金钥匙。

而流传更广的另一种说法，则是 Carnival 起源于中世纪基督教革新的一个名词，源自拉丁文"Carne vale"，意思是"肉啊，再见"（Farewell meat），也就是"封斋"。天主教徒每年都要举行四旬节，在四旬节开始前，一般要举行三天至一星期的祭典。所谓四旬节，也就是从"圣灰星期三"到"复活节"的前一天。在这长达四十天的日子里，教徒们只能吃点面包、喝点水，缅怀耶稣基督的苦难，同时为自己赎罪。有趣的是，四旬节之前的祭典，逐渐变成了天主教徒犒劳自己的盛大嘉年华会。人们在四旬节前放纵享乐，因为之后一直到复活节为止都要禁止美味和娱乐。这里与基督天主教有关，显然与希腊罗马文化一脉相承，然而这里也没有什么金钥匙。

我们必须从另一个角度寻求金钥匙的历史踪迹。

这种象征着统治权力的金钥匙在现代世界的主流语义系统中，却发生了极大的变化。有一种说法是这样解释"金钥匙"的："原意指金制的城堡钥匙，现已多是象征性的金色钥匙。在欧美国家，为了向来访的客人表示尊重、信任、热情、友好的诚意，通常由本地市政府向客人赠送金色的城门钥匙，以表示对客人的欢迎及保持友谊的情谊。"

这就与"金钥匙"为权力象征之意义大相径庭,尽管从本质上说,两者有着相通之处。而具有这样的文化含义的事例在媒体中可说比比皆是。

比如,足球教练德国人雷哈格尔执教希腊队,取得好成绩,雅典市市长为他颁发了象征荣誉的城门钥匙。在现代中国,情况亦是如此。在中国颇为有名的加拿大人大山,其祖父母曾于20世纪20年代在河南省商丘市生活过,于是金发碧眼的大山成为河南省商丘市荣誉市民。商丘市人民政府向他颁发了荣誉证书并赠送了商丘城门钥匙。

看起来,这样的金钥匙制度在现代世界已经是人不分中西、地不分南北地流行,"金钥匙"的颁发也如"旧时王谢堂前燕,飞入寻常百姓家"了。

于是,这里就要提出一个问题来了:现在流行于世界各城市的颁发金钥匙的仪式,其制度到底是从哪儿起源的呢?

实际上,《对外交流大百科》一书中已经隐隐约约指出了,这种"金钥匙"制度起源于"欧美国家"。但这样的说法并不确切,就像下面将要论及的,其制起于欧洲应没问题,但说它与美国有因缘,则在时间上太迟了点——美国的立国都要到18世纪呢。

而要说金钥匙制度与"城堡"有关,恐怕也有商榷的余

第四章　金钥匙漂流记

地，因为一般认为，欧洲的"城堡"往往与欧洲中世纪的封建制度有关，而欧洲中世纪一般被界定为9世纪之后。果真如此，则在时间上有一个是中国的朱滔们（当然，回纥部族也应该是知其象征意义的）实行金钥匙制度在先，还是欧洲有金钥匙制度在先的问题存在。说得明白一些，也就是：金钥匙制度是东方影响了西方，还是西方传向了东方。而从整体上考察，应该是后者的可能性更大一些。

于是还得再寻觅下去。《广西日报》曾于2006年4月11日登载一则消息：美国奥兰多的一位市长，在1985年5月时，把自己城市的保护神——一把铜钥匙送到了桂林人民的手里。据盘福东副研究员介绍，西方每座城市都有自己的保

**法国城堡**（张振供图）

护神——城钥匙。思想家与政治家们对城门钥匙保护得相当谨慎。如果城门钥匙不在自己手里，便意味着自己失去了掌管这座城的保护神。因此，城门钥匙必须交给自己最信赖的人保管，无论是谁，只要有幸看上一眼城钥匙，都预示着他今年将会走运，被神赋予了智慧的灵感，他将得到城里最美丽、最有价值的东西。

美国奥兰多市长送给桂林人民的铜钥匙应该就是"金钥匙"。而盘福东先生所说的城门钥匙代表着城市的"保护神"，虽未指出城门钥匙制度在西方产生的时间，但令人联想起的则是大名鼎鼎的希腊雅典城邦之保护女神雅典娜。莫非，在希腊神话中就有金钥匙制度的痕迹？

## 金钥匙制度在西方神话故事中的演变

令人遗憾的是，在希腊神话中，并未寻觅到"金钥匙"的说法。然而，在古埃及的艺术作品中，倒是有一幅极其有名的"拉美西斯一世墓壁画"，它所描绘的一些内容大约与金钥匙有些关系。据介绍，这是一幅将国王引入冥世的画："拉美西斯一世位于这幅壁画的中间，他的右边是荷拉斯神。荷拉斯神，头部呈鹰形，头戴王冠，他的双眼分别代表太阳和月亮。他是奥西里斯神和伊西丝

**拉美西斯一世墓壁画**

神之子，是基督的雏形，上帝的化身。拉美西斯一世的左边是阿努比斯神。他长着豺狼头，是死神，并负责把尸体制成木乃伊。在阴间审判庭上，阿努比斯神担负着审判死者的重要责任，他手中握有进入冥世大门的钥匙。"

这里的叙述当然有些小问题。既然是古埃及的作品，怎么又会是"基督的雏形，上帝的化身"呢？但这样的错误倒是说明基督教文明与古埃及文明有着一定的渊源关系，而联系下面的叙述则可以相信，阿努比斯手中的钥匙应该就是权力的象征，它是金钥匙制度的雏形。

无独有偶，罗马神话里有一位伊阿努斯神（Janus），据称其名来源于拉丁文的"ianua"（门）一词。原先，他为天门之神，后演化成一切门的门神。他又是"一切本源之神"，是"人的创造者"，是"水陆交通的保护神"，是"决定战争与和平的神"。他还是"时间之神"，每年的头几天都是祭祀伊阿努斯的节日，于是，西方语言中"一月"的名称即与"伊阿努斯"有关。特别的是，"伊阿努斯的形象是一人前后两张脸，一张脸面对过去，另一张脸面对未来"，而"伊阿努斯的表征物是钥匙和手杖"，显然，这里的"钥匙与手杖"是权力的象征。

从以上的论述中，我们看到了金钥匙制度从古埃及到古希

第四章　金钥匙漂流记

腊,再到古罗马这样的渊源关系。然而还得再往下看。

在基督教的经典中,同样也反映出了金钥匙制度起源于西方的事实。《旧约·以赛亚书》记载耶和华说:"到那日,我必召我仆人希勒家的儿子以利亚敬来,将你的外袍给他穿上,将你的腰带给他系紧,将你的政权交在他手中,他必作耶路撒冷居民和犹大家的父。我必将大卫家的钥匙放在他肩头上。他开,无人能关;他关,无人能开。"

而在《新约·马太福音》中,则有这样的记载:"耶稣

**登山宝训,《圣经·新约》故事(张振供图)**

到了该撒利亚腓立比的境内，就问门徒说：'人说我人子是谁？'他们说：有人说是施洗的约翰，有人说是以利亚，又有人说是耶利米或是先知里的一位。耶稣说：你们说我是谁？西门彼得回答说：'你是基督，是永生神的儿子。'耶稣对他说：'西门巴约拿，你是有福的！因为这不是属血肉的指示你的，乃是我在天上的父指示的。我还告诉你：你是彼得，我要把我的教会建造在这磐石上，阴间的权柄不能胜过他。我要把天国的钥匙给你，凡你在地上所捆绑的，在天上也要捆绑；凡你在地上所释放的，在天上也要释放。当下，耶稣嘱咐门徒，不可对人说他是基督。"

天国就是天堂，天堂也就是上帝之城，与人间的世俗之城相对。于是，上帝将进入上帝之城的金钥匙交到了圣徒彼得的手中。

一般以为《旧约》的成书时间大约在公元 70 年左右，而《新约》则勘定为 4 世纪末。它们的出现晚于古希腊和古罗马神话产生的时代。

世俗与宗教是密不可分的。或许金钥匙制度就与这两者的结合有关。那么，再来看看西方宗教世界的"金钥匙"是如何与世俗政权结合起来的，也就是"金钥匙"制度是如何定型的。

# 西方世俗世界中的"金钥匙"

西罗马帝国被日耳曼人消灭了,欧洲大陆相继出现了一些国家:法兰克、伦巴德、奥多亚克、勃艮第、汪达尔·阿兰、东哥特、西哥特、盎格鲁-撒克逊等。

法兰克人是5世纪时入侵西罗马帝国的日耳曼民族中的一支,它建立了中世纪初西欧最大的基督教王国。一千年以后,法国就是在法兰克王国的基础上形成的。法兰克王国曾经有过加洛林王朝取代墨洛温王朝的历史,建立加洛林王朝的是墨洛林温王朝最后的宫相矮子丕平。

当年日耳曼民族大迁徙之后,法兰克人在高卢地区定居建国,最初的统治者乃是墨洛温王朝诸王。但诸王逐渐疏于朝政,历史上被称之为"懒王",管理王朝事务的则是"宫相",他们大权独揽,蛮横专断,统率军队,挟"懒王"以令天下,其气势已压倒国王。到七八世纪之交,宫相俨然已是国家实际统治者了。正如史书所说:"王室久已失去了一切权力,除了国王的空洞称号以外,什么都没有了,因为国家的财富和权力都入于宫廷长官——宫相之手,他们操纵全权。"

不过,宫相毕竟是没有王位继承权的,矮子丕平决意要改变这种状况。丕平的家世颇为显赫。741年,丕平继承了他父亲的职位,成了法兰克王国的宫相。然而他并不满足,而是对王国的最高名号垂涎三尺,想要在握有王权之实的情况下真正得到国王的名号,这点和后来的拿破仑非常相似。为了给自己的称王行为披上合法的外衣,丕平需要寻找一个完美的理由,而在罗马教皇那里,他看到了这种希望。当时的罗马教皇也需要得到丕平的支持。这是一种政治的交易。

大约7世纪至8世纪上半期,在地中海北面的亚平宁半岛上存在着三股势力,这三股势力分别隶属于东罗马帝国、伦巴第王国和教皇。751年,伦巴第人攻陷东罗马帝国控制的意大利拉文那总督区,直接威胁到了教皇统治的罗马公国。按说,教皇应该向东罗马帝国求助才是,然而此时东罗马帝国正把注意力集中在东方,且远离罗马,纵然有心也无力为其提供保护,致使进退维谷的教皇不得不在其他国家中寻求支持。经过一番选择,他转向了当时势力较为强大的法兰克王国,要求与法兰克王国结成政治和宗教联盟。当此之时,作为王国实际独

## 第四章 金钥匙漂流记

裁者的宫相丕平自然就成为罗马教皇争取的对象。事实上,丕平日后的成功主要依靠的就是教皇的支持。所以两者的关系更接近于各有所需的盟友,互帮互助,共同进退。

751年,丕平遣使拜见罗马教皇扎恰里,切实了解教皇对他夺取墨洛温王朝王位的态度。使臣在罗马谒见了教皇,并向教皇提出了一个问题:"是让徒有虚名的人做国王好,还是让拥有真正实权的人做国王好呢?"对于这样的试探,教皇当然知道这话里隐含的意思,也明白这个答案直接决定了双方是否能结成同盟关系。于是他答复道:"在我看来,让有实权的人当国王要好些,掌权者应为王。"得到教皇的认可并解除了后顾之忧后,丕平立刻动手,毫不犹豫地废黜了墨洛温王朝的末代国王希尔德里克三世,并把他关进修道院做僧侣。他宣称"根据全体法兰克人的拥戴,众主教的奉献和贵族的宣誓",建立起加洛林王朝。此时中国正是唐玄宗天宝十年(751),离安史之乱的爆发还有四年的时间。

于是,新即位的教皇斯蒂芬二世亲自到高卢为新国王丕平举行宗教仪式,他模仿圣经上所载以色列—犹太国创始人大卫王的榜样,将丕平和他的妻儿涂上圣油。这一举动为新王朝染上了神圣的色彩,它给民众留下了深刻的印象,它把丕平抬高到"蒙上帝之恩当选"的神权国王的地位——国王丕平是上帝在世间统治的代表，反对国王就是反对至高无上的神。

罗马教皇采取了一系列示好的行动，丕平也对教皇心怀感激，这种感激直接体现在了行动上。754年，伦巴第人入侵罗马，教皇深感领地受到威胁，亲往法兰克求援。丕平自然不会坐视不理。他整顿衣装，亲迎教皇，让教皇乘马，自己却徒步行走，成为罗马教皇的武力支持者。756年6月，丕平率军进入意大利，迫使伦巴第国王爱斯图夫投降，把夺自拜占庭的原拉文那总督区的地方交给教皇及其继任者进行统治，并拒绝了当时拜占庭代表收复失地的要求。这便是历史上的"丕平献土"，这也是教皇国的起始。

在这样的过程中，可以看到神权象征的金钥匙成为宗教与世俗权力的结合物。据称，基督教有五大主教区，即君士

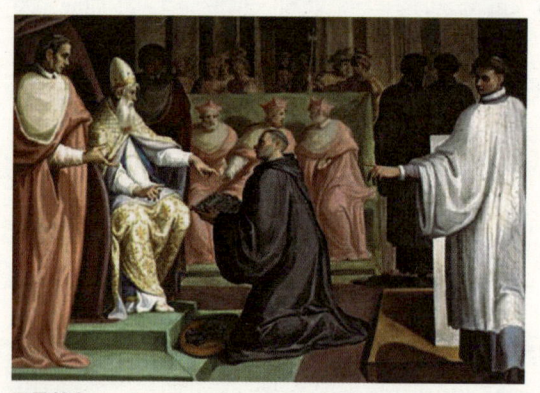

丕平献土

坦丁堡、罗马、亚历山大里亚、安条克和耶路撒冷。罗马教廷为了显示它的特殊地位，在 8 世纪时伪造了一个"君士坦丁皇帝的敕令"。这个敕令说，罗马主教还在异教时期就已经从圣徒彼得手中继承了对整个教会的统治权，彼得在罗马监狱里死去的时候曾把对教会的领导权以及天堂的钥匙一起交给了罗马主教，使罗马主教有权能够允许一些人进入天堂，拒绝另一些人进入天堂。与此同时，"妄称罗马皇帝君士坦丁曾把统治西欧各国的权力赠送给教皇云云"，"法兰克国王矮子丕平把意大利中部土地赠与教皇，教皇又成了世俗君主"。显然，罗马教廷一尊地位的确立与上引基督教经典中的彼得及其天堂钥匙有关。这就说明，在宗教社会，在超现实社会，钥匙还是权力的象征。

还有一件事也说明了这样的事实。法兰克国王丕平一方面被"人民的自由选举推上了高位"，另一方面，"在教皇们的批准下，他的加冕礼接连举行了两次"，而丕平这位"圣彼得的继承人"变成了神圣的使臣：一个日耳曼首领变成了救世主。不仅如此，"在帝国的权力空虚之中，他们（指贵族）从教皇和共和国那里得到一项更为光荣的使命。罗马使臣把圣彼得教堂的钥匙交给了这些贵族，作为他们所有统治权的保证和象征；同时还交给他们一面他们有权利和义务，为保

**圣彼得教堂**

卫教会和该城市而高举的旗帜"。

圣彼得教堂的钥匙具有极其强烈的象征色彩。我们知道，圣彼得教堂在梵蒂冈的罗马广场，只有教皇才可以在这座祭坛上，面对东升的旭日，当着朝圣者举行弥撒。于是，这里便也看到，世俗的君主和天国的主宰有机地结合在了一起，而将两者联系在一起的竟是一枚小小的钥匙——世界就是如此的奇妙。

至此，是否可以说，金钥匙制度在西方已经基本成型？事实上，恕我孤陋寡闻，除上述记载之外，并没有看到关于欧洲金钥匙制度仪式起源的其他记载，甚至连《大不列颠大百科全书》这样权威的辞书都没有"金钥匙"或"城门钥匙"这样的条目。

# 中国古代有金钥匙吗

我们再回过头来,看看中国古代的情况。那么,古代中国就没有金钥匙了么?除却朱滔们的四把金钥匙以外,实际上也有很多的"钥匙"出现在古籍记载中,但这种"钥匙"应该与权力之象征意义毫无关系。

如果给它们分分类,则有经典导读性质的金钥匙,亦有开启实物性质的钥匙,但遗憾的是,没有如同神权与世俗权力结合在一起的"金钥匙"——中国人的神权思想本来就弱得很。

比如元朝人所写的《宋史》中就著录有一本《真一子金钥匙》的书,一看书名,就知道它与道教有些关系,它并非真是什么金钥匙,而是道教方面的书籍,是凡俗之人进入道教门槛的一把"金钥匙"。还有一卷本的《春秋金钥匙》,这里的"金钥匙"的意义也与前面一样,是导读《春秋》的一

金钥匙漂流记

本书，而《春秋》则是中国古代的经典。而直接题为"金钥匙"的一本书，虽非导读之类的书籍，却颇似当今高考中考的辅导书，其提要中就说明其作用"大略为笺启应用之备"，就是为人们写信作文撰公文指点门径的工具书。此外，尚有多种题名为"金钥匙"的医药书籍。要之，此类的"金钥匙"当有启迪知识，发扬才智之寓意，它只是一种概念，一种借用，与西方权力象征的"金钥匙"是无关的。找到正确答案的钥匙，还在对中国文化最基本的理解。芝麻开门吧，答案就在这里！

中国古代还有一些与"金钥匙"相关联的"金锁"及"银凿镂铁锁"之类，这些应该都是实物。关于前者，比如罽宾国（古代中亚的一个国家或地区名，在今阿富汗及克什米尔一带）就曾在唐朝开国之初武德二年（619）"遣使贡宝带、金锁、水精盏、颇黎（状若酸枣）"。此时，唐政权尚未巩固，而"金锁"又与宝带、水精盏、颇黎之类相并列，因此，这种金锁也应该仅仅是精致的工艺品而已。后者又如，安禄山"恩宠莫比"，唐玄宗曾经赏赐给他的珍贵物件，"锡赉无数"，其中就有"银凿镂铁锁"，但这也不过是锡赉物而已，与金花狮子瓶、八角花鸟屏风、贴白檀香床等是一样的。显然，像这些个物件，与西方权力象征的"金钥匙"是没有什么关系的。

## 第四章 金钥匙漂流记

钥匙与权力有关的记载则多一些。据司马光记载，东晋明帝（323—325 年在位）似乎非常忌惮权臣王导、庾亮等，为了牵制、防范他们，于是便让亲信虞胤、司马宗等典禁兵并掌管"宫门管钥"，以防不测。有一次，明帝生病了，庾亮偏偏有要事向他报告，而时间又在晚上，这在王朝的规章制度上是不被允许的。但庾亮威权震主，纵使司马宗为皇帝亲信也不在他的眼中，遂向主管宫禁的司马宗索要管钥，没想到却碰了一鼻子灰，被断然拒绝。司马宗还叱责庾亮道："此汝家门户邪？"其意即是：你以为宫殿是你家院庭？我这个管钥岂能随便给你！此事当然大得明帝赞赏，在此先略过不提，问题还在管钥。胡三省解释说，管钥就是锁匙，就是钥匙——从这样的记载中可看到，它是一把真正的宫门钥匙，这把钥匙与宫门的开启有关，与臣下能否进入宫殿有关。这则故事背后的政治含义这里就不再追究了，总而言之，它说明的是：谁控制着钥匙，谁就有相应的权力。

东晋在南方，而北方的北魏也有相近的事实，只不过，与司马宗为皇帝亲信不同，北魏孝明帝（515—528 年在位）时的宫殿"管钥"却掌握在"叛逆者"手中。也正因为如此，上演了逼宫的一幕。当时，宦官刘腾与贵戚元叉为一伙，与另一贵戚元怿进行了激烈的政治斗争，结果，刘腾一方害死了元怿，并将元怿的后台胡太后囚禁于宣光殿。宫门昼夜长闭，内外断绝，而刘腾则"自执管钥"，任何人包括孝明帝也不能与太后见面。刘腾亲自掌管的这把钥匙不也就相当于东晋司马宗掌管的那把钥匙吗？

上引二例，都为宫殿管钥。但《唐六典》中有一节就讲到，京城皇城宫殿诸门启闭管理及其管钥出纳，均归城门郎执掌，由此就可以知道，中国古代的宫门与城门是有相通之处的。于此可见，管钥与权力也有些联系的。但这里的权力，前者仅是部门的权力，后者则是非常规之权力，与"金钥匙"都是大有差异的。

而与朱滔们的金钥匙之意义更相近的则可举出以下数例。还是在东晋，有一个将军叫陶侃，他镇守荆州，后因生病，将归长沙，临走之前，他把掌管的"军资器仗、牛马舟船"都登录在册，并"封印仓库，自加管钥"，交给手下掌管。陶侃的这种举动引起朝野的交口称赞——看起来，古时的文官武将离职，打包而去才是常规，离任的审计实在是有必要的！这里所称仅为仓库之管钥，意义虽不及金钥匙，但总归还是一种权力之象征。

而在朱滔们献金钥匙于回纥的前后，也有关于"管钥"的一些记录。比如，当唐德宗听闻泽潞（治今山西长治）节

## 第四章 金钥匙漂流记

度使李抱真卒,就派出宦官第五守进到潞州,而李抱真之子李缄秘不发丧,实有意仿效"河北故事"。第五守进戳穿李缄谎言,称朝廷已知其父薨殁,劝戒李缄不要背叛。李缄闻言愕然,很快便交出了"(节度)使印及管钥"。李抱真贞元十年(794)去世。使印与管钥并列,显见是权力之物,尽管它或许并不为城门之钥匙。

而尤其引起我注意的则是下一事例。大家已经知道,自安史之乱以后,河北河南多有违抗中央而欲求"父死子代"割据分裂的,但其间也有例外。比如,易定节度使(治今河北定州)张茂昭就曾有"表请举族还朝"的举动,虽然邻藩多次劝说,但张茂昭意志坚定,最终得以奔赴长安。张茂昭之父张孝忠,原为成德李宝臣部下,与朱滔、王武俊等是同时代的人,而张孝忠与王武俊"齐名",曾为一体之人,只不过张孝忠及张茂昭忠于朝廷,而王武俊则反叛于朝廷而已。王武俊曾把象征权力的金钥匙纳于回纥,而张茂昭虽有邻藩游说,却最终交出"簿书、管钥、符印",抽身归朝,赢得了朝廷的赞许。

看起来,在古代的中国,管钥之类有被作为权力象征的现象。假若看看关于春秋战国之际长江流域吴国和越国关系的记载,则此种现象很有可能与朱滔们的金钥匙相类比了。

这是越王勾践"卧薪尝胆"以前发生的事。吴越争霸,吴国军队兵逼越国国都会稽城下,越国处于城破国亡的危急关头。越王勾践不得不委曲求降,以求城下之盟,便派出文种求和。为此而开出的条件是:越国的士、大夫之女都相应地嫁给吴国的士、大夫作媳妇,说白了就是奴隶,越国的金银财宝也尽行归吴——其实,就是记载中经常看到的把所谓的"子女玉帛"全都包含了——但依然满足不了吴王夫差的胃口。不得已,勾践又搭上了自己的身家性命,"以身随之,君王制之"。非但如此,这里还看到"请委管钥属国家",也就是把越国的所有家当都交给吴王。颜面不顾了,尊严丢弃了,勾践当时想的就是如何活下去再寻报仇雪恨之机。最后的结果是大家都知道的,那是连乡贤鲁迅先生都引以为豪的,"会稽乃报仇雪耻之乡,非藏垢纳污之地",十年生聚,十年教训,吴越争霸中,最后的胜利者是勾践。当然,这也并非我们所要说的主题了。

关键在于"请委管钥属国家"。或许,这里的管钥可以是如同我们上面所说的城门、宫殿、仓库等实在的钥匙,但是否也可以把它理解为勾践将越国的统治权都交给了吴国呢?如果真是这样的话,我以为只能用人同此心、心同此理来解释了。毕竟,它是"管钥"而并不是什么"金钥匙",它与朱滔们的金钥匙的象征意义是大不相同的。

然而，再仔细考究一下，却发现中国的管钥与西方的金钥匙最大的区别不在其象征权力的大小，而在于前者是实实在在之物，后者则是虚拟之物。拿哲学的词汇来说，就是：中国古代的管钥是"形而下"的，而西方的金钥匙则是"形而上"的。中国的管钥，一直到现代以前，并没有如同西方那样从实物的城门钥匙发展到虚拟的城门钥匙及金钥匙的状况。这是文化上的差异。实际上，"皮之不存，毛将焉附"，现代授予贵客金钥匙的很多城市连城墙城门都不存在，又何来真正的城门金钥匙呢？

## 两把钥匙不同的原因

那么，何以会出现这样的不同情况呢？我以为，关键就在于东方西方政体的不同。"国体就是内容，政体就是形式"。

我们已经知道，西方的金钥匙制度的最早的源头应该从

**希腊古城（张振供图）**

希腊的神话故事探寻,而希腊的政治体制又与其地理形势相关。

希腊处于巴尔干半岛的最南端,境内多山,其地形十分散碎。它本身四分之三为山地,河流短小,沿海仅有的低地,又多曲折港湾。它的南部有众多小型半岛。这样的地形,致使可耕地很少,而聚落就分布在这样零碎狭小的地区。由于陆路交通不易,聚落之间往往以海道相通,农业生产并不以粮食作物为主,发达的则是具有高度附加值的橄榄树种植与葡萄种植业,以此酿酒取油作为商品经海路营销各地,甚或间接输出到两河流域,换取大陆生产的粮食。于是,我们看到的希腊文化,可以说有着海洋与贸易的属性。

这样的经济与文化特性如何形成它的城邦政体呢?我们知道,希腊境内,因其地形而分割为一个一个的区域,每一个区域内又有若干村落,互相邻近的一些村庄组成一个个的政治经济共同体,这样的共同体,就是所谓的"城邦"。

城邦既是一个自给自足的单位,又是一个自卫的单位,同时它又是一个维持内部秩序的单位。在城邦中,居民供奉同一的保护神,以此建立起共同的信仰,以取得族群认同感。这样的城邦,既是希腊的传统,也是希腊政治思想不可违背的潮流。发达的希腊政治学,就是在这样的基础上形成并发扬光大的，若是离开城邦制度也就没有什么希腊的政治学。希腊先哲柏拉图写过著名的《理想国》，但无论他的"理想"内容如何，他所理想的国家形式只是一个城市国家，也就是城邦。希腊的另一位先哲亚里士多德的《政治学》更把城邦规定为"至高而广涵的社会团体"，他的政治学，不折不扣是城邦政治学，离了城邦就没有什么政治学可言了。

城邦采取民主的方式，城邦官职都对公民开放，公民大会是最高的权力机关，男性公民都有权参加。其实，它实行的是直接民主制。然而，它既是一个城邦国家，又是一个以城市为中心的独立主权国家。以此而言，希腊政治的最大的特点就是"城邦的自治"。

希腊城邦的时代最终在自相残杀中结束了，城邦体制也风光不再。但城邦民主政治的风流余韵影响了罗马时代和欧洲中世纪时代，并对近代西方历史也产生了极其强烈的影响。

于是，有着"自治"权力及其传统的西方城市（城邦）把作为权力象征的城门钥匙（金钥匙）为示好或战败而纳之于他人，也似乎是顺理成章之事。

中国的情况就与西方大不相同了，中国文化的发展模式与古希腊文化的发展模式是完全不同的：中国走向统一并持续延绵着，而希腊始终是多元的列国联合体。

第四章 金钥匙漂流记

中国自秦始皇以来就是中央集权的统一的多民族国家，王朝虽有更替，但无论哪个王朝都是中国的一部分，朝廷的中央集权化很强，这是为它所统治的核心区域所决定的。它的"中国化"才是主流。虽有分裂割据的现象，但当中央的权威重新建立起来，中国就能保持统一的局面。

中国古代是否有过城邦，至今仍是纠缠不清的问题。但从后来儒家推崇的上古三代的礼乐文明来看，孔子是主张"从周"的，而周代，就如我们所知道的，"普天之下，莫非王土；率土之滨，莫非王臣"。这种政治结构，与希腊的城邦体制是完全不同的。这样的政治结构，就为后来大一统的王

西安城门

朝的两千年的统治打下了坚实的基础。

在中国,统一与国家相始终,统一是一个历史的范畴,后代即使在分裂时期,在政治制度上仍然是中央集权的。虽有地方城市的所谓"城主"颇有一些权力,但总归是有限的权力,它还是要受到制约的。

比如,唐代的各级官府,其官职依其职责之大小,可分作长官、通判官、判官及主典四等,如果以州官为例,则长官为刺史,通判官为司马等副长官,判官为若干个部门负责人,而主典则为具体的办事人员,相当于现在的科员一级。而各级官府的长官,就等同于城主。依唐朝的规定,各个城门的钥匙都由城主负责,称为"执钥者",如果不按规定开启关闭城门,就都要治罪。于是便可看到,城主既为一城之长,他当然有一定的权力,是城门开启关闭的第一负责人,但说到底,他们仍然受到制度的约束,由不得他们任凭自己的意志行事——在大一统的帝国,一切权力(合法性的依据)都是君主授予的。

既然如此,若欲以管钥送人并使它成为金钥匙,成为一种对于城市权力的象征,那就是不可想象的事了。

# 金钥匙出现的法理基础

这样看来，中国古代的"金钥匙"，就唯有朱滔们的那四把了吧？那四把"金钥匙"既然是权力的象征，那么，其合法性又表现在哪里呢？

原来，在朱滔、王武俊、田悦、李纳等四人把金钥匙纳于回纥之前，曾经有过"僭相王"、建"四国"的举动。

那是唐德宗建中三年（782）十一月的事，当时泾原之变尚未发生。官军对魏博田悦发起了进攻，田悦不得已而向幽州朱滔与成德王武俊求救，应田悦之邀，朱、王南向救助。在三藩镇节度联手抗击下，官军大败，甚至一度被围困而有覆灭的危险。当此之时，唐军主将马燧为脱身计，曾承诺向朝廷奏请将河北之事由朱滔作主，即承认朱滔在河北的宗主地位，朱滔遂同意唐军请求，网开一面，而王武俊则持反对态度，于是朱王二人有了裂痕。田悦解除了危机，又知道马燧曾有的承诺,为表示谢意,遂拉王武俊一起尊奉朱滔为君,而自己与王武俊皆为臣子,实质上结成一种同盟关系,以抗衡中央,形成一种东西对峙的局面。朱滔没有同意,他当然有自己的野心,但明白时机尚未成熟,若悍然南面为尊,必为众矢之的,遂做出不敢独居尊位的姿态。但联盟还是成立了。为壮大声势,三镇还拉上了平卢节度李纳,"俱称王而不改年号,如昔诸侯奉周家正朔,筑坛同盟,有不如约者众共伐之"。于是,朱滔乃自称冀王,为盟主,称孤。田悦称魏王,王武俊称赵王,李纳称齐王,均称寡人,并进行了告天仪式。而诸如官职官位、等级名称等,都以诸侯的仪礼规定操作。这就是所谓的"僭相王"、建"四国"。而在此之后,朱滔以为形势有利于自己时,为取得北方回纥的支持,才有纳金钥匙的动作。

  这里的"四国",当然是对中央朝廷的背叛,是分裂割据的行为。他们"俱称王而不改年号,如昔诸侯奉周家正朔",但实际上"百世皆行秦制度"。自秦始皇建立统一的郡县制后,各朝各代再也没有出现"裂土封侯"的封建制度了。朱滔们逆历史潮流而动是不得人心的。但如果换一个角度看,联系他们立"国"以后,将金钥匙纳于回纥的事实,则其间是不是也有西方的影响因素呢?

## 第四章 金钥匙漂流记

这样的说法有否道理,我们还得再看希腊的城邦制度。

希腊城邦是"独立主权国家"。不过这里所说的"独立主权"的意义是相对的,因为按照希腊人的概念,甚至"参加"在某个"帝国"内的城邦,只要有自己的法律,有自己的议事会和法庭,它还是一个城邦。这里需要特别说明一下,我们中国人一说到帝国,总不免要把它等同于我们历史上秦汉以来的郡县制大帝国。可是希腊人所称的"雅典帝国""斯巴达帝国"等,其实不过是以雅典和斯巴达为盟主的联盟,有点像我国春秋时代齐桓、晋文的"霸业"。盟主向加盟国家征收贡赋,要他们出兵加入盟军,在不同程度上干涉加盟国家的内政等。

如此一比较,这"四国""筑坛同盟,有不如约者众共伐之",实际上不就是一个联盟吗?而盟主就是"称孤"的朱滔。而在本文开首所引《新唐书》文字中又有朱滔"又令王武俊等各以兵五千,从攻洛",与希腊"帝国"出兵加入盟军的状况也是相似的。只不过,第一,希腊帝国盟主没有周"天王"那样的最高王权;第二,至少在形式上和理论上,希腊盟主不能委派加盟城邦的执政者,虽然扶植加盟城邦内亲附自己的政派和人物总是少不了的。帝国既非郡县制的帝国,参加在某个帝国内的城邦也还是一个自治共和国,城邦的意

245

义也就大大超过了一个帝国内的自治共和国。

　　当然，中国春秋时代及其以前小国林立状况下朝代的"最高王权"和王权对于诸候的政治干预这两个特点，是希腊时代的"帝国"所不具备的，因此，先秦和希腊的政治制度是"不能混淆"的。但我们如果把希腊帝国时代的城邦形式与朱滔们反叛朝廷而所立的"四国"的形式相比较，除却城邦的"民主"以外，两者可谓如出一辙，有异曲同工之妙。

　　论述至此，我自己也不禁疑惑起来，"四国"果真与"自治"有关吗？实际上，如果我们换一个角度看问题，藩镇内部经常发生的逐帅杀帅事件，当政的节度须时时顾及牙兵牙将的利益等，是否也可以认为这是民意的一种表达形式呢？但无论如何，他们把金钥匙献纳于回纥，受到西方的影响，则应无疑义。

　　我又想到，有关钥匙的论述有点牵强，但无大碍。有时相同的习俗可能独立发生，不一定是传播的结果。如果这一习俗出现在北方民族中，传播的可能性或许大一点，其原因一则有路可通，二则游牧者对于钥匙之重视程度应该低于城市人。

# 金钥匙是怎样交汇的

那么，西方的金钥匙和东方的金钥匙，这两者是如何交汇在一起的呢？我们只能做一些推测。

金钥匙制度非但与基督教文明有关，在伊斯兰文明中，似乎亦有一些传统在。

伊斯兰经典《古兰经》中有这样的记载，又有一种似曾相识的感觉："真主是创造万物的，也是监护万物的；天地的钥匙，只是他的；不信真主的迹象者，才是亏折的。你说：'无知的人啊！难道你们教我崇拜真主以外的神灵吗？'"

这样的话语，与我们在前面说过的伊阿努斯神（前文中提到的罗马神话中的人物）掌管钥匙之故事，与《新约全书·马太福音》中，耶稣给予圣徒彼得的许诺的话语，何其相似。

当然，依据伊斯兰圣训的说法，伊斯兰世界对于钥匙还有一些事例，也能证明我们的观点。据称，穆罕默德曾经经历过壕沟战役，在这次战役中，他曾鼓动将士说："我将拿到叙利亚城门的钥匙；波斯王宫已经属于我们；也门萨纳的城门钥匙就在我手中。"而当 636 年，哈里法欧麦尔曾击败东罗马军队，包围耶路撒冷，于是就有"掌管城门钥匙的耶路撒冷长老们"有意出城门投诚云云。假使联系到荷兰史家皮朗的名言"没有穆罕默德就没有查理曼"之话，则更可知伊斯兰文化亦是熟知金钥匙的典故的。

随着渊源于地中海东岸一带的火祆教、景教特别是摩尼教的向东流传，金钥匙制度也会传到中国的吧？如果宗教传入中国与金钥匙有关的话，则摩尼教的传入与金钥匙的关系应该更密切一些。由于摩尼教是回纥的国教，而其时间也正好在 780 年左右，与朱滔们把金钥匙纳于回纥的时间亦相当。

当然，这里还应注意到河朔的胡化倾向。根据陈寅恪先生的论断，河

**大秦景教流行中国碑**

第四章　金钥匙漂流记

朔地区自北朝以后，就有大量的昭武九姓胡向东北及其河朔之地迁徙。至少在开元以前，营州一地已多中亚胡人，如安禄山就是杂种胡人即"昭武九姓月支种"，而史思明为"突厥杂种胡人"。至于安史部下之朱滔、王武俊、田悦、李纳诸人，或本是胡人，或其人之氏族虽为汉族，但由于久居河朔，渐渐胡化。于是，从欧亚北非而经中亚传入金钥匙制度也并非没有可能了。

金钥匙之授受双方大约都明白金钥匙之象征意义，而回纥发兵助朱滔、王武俊之反叛也是当然的事了。

最后，还请读者诸君再允许我猜想一下。中西文化各自发展的进程中，如同金钥匙这样的相同习俗是否也可能独立发生，而不必传来传去？当然，金钥匙出现在与"胡"有关的部族中，是否有它的特殊条件？试想，当中原帝国主要局限于帕米尔高原以东之时，马背上的民族，无论匈奴、柔然，还是突厥、回纥，哪一个不是在欧亚草原上驰骋的？它们与西方的交流应该更多一些吧？而这样的民族，从游牧到农业，从帐幕到居屋，一旦定居下来，对于城池的开启物——钥匙的崇拜是不是更纠结一些呢？

## 后记：十万天兵斩阎罗，四十不惑谱新章

　　写完初稿，便数起字数来，实际上，我在写的过程中都是数着字的——这原因在于，我并未提及余李二先生的另外两个要求：10万字与40张图。好了，10万字稍稍超了一点点，应该没关系吧？40张图我再努把力，把它凑齐。于是再开一点文字玩笑，叫"十万天兵斩阎罗"。还有40张图呢，我尽管正从"耳顺"之年向着"随心所欲"的年岁雄纠纠气昂昂地迈进，但"烈士暮年，壮心不已"，还是把它称作"四十不惑"吧。这就是"十万天兵斩阎罗，四十不惑谱新章"的来历，见笑。